湛庐CHEERS

与最聪明的人共同进化

HERE COMES EVERYBODY

妈妈才是孩子智慧启蒙的关键人物
让我引以为豪的并不是我自己的能力
而是给我这个能力的人——
我的妈妈

我与妈妈，那时我4岁

我与弟弟，那时我9岁

小时候，爸爸妈妈给买的儿童车

获得北京市数学竞赛的奖励

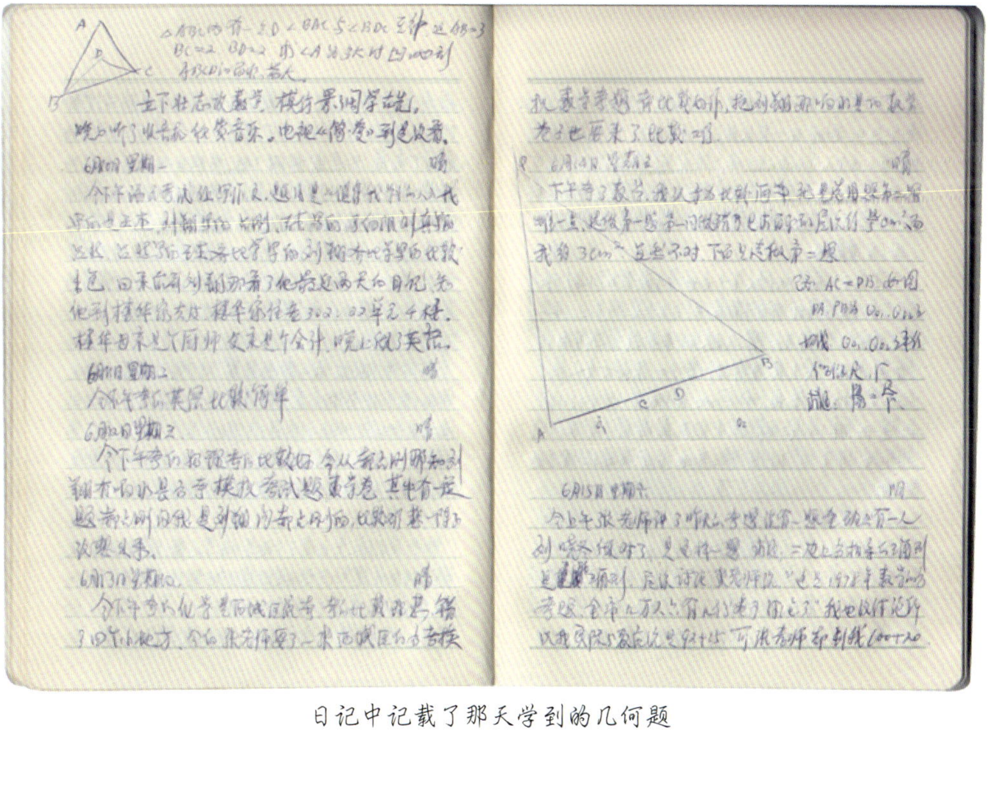

日记中记载了那天学到的几何题

我在实验中学任数学教师，与全班同学春游时合影

CHEERS
湛庐

妈妈教的数学

Math Learned From Mum

孙路弘——著

北京联合出版公司
Beijing United Publishing Co.,Ltd.

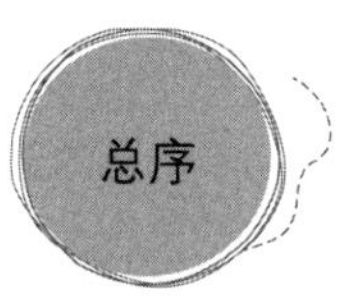

父母将数学渗透我的人生

“马走日，象走田”，这是象棋的规则；“先乘除，后加减，遇到括号全让路”，这是四则运算的规则；“哆咪唆是大调，来发拉是小调”，这是音乐调子的规则；“先来后到，排队守则”，这是乘车的规则。这些都是我小时候记下的，至今仍然留存在记忆中。

下象棋遵守规则，才能够与对手公平对抗；做算术题遵循规则，计算的结果才有意义；弹钢琴也要熟悉音乐调子的规则，才能够理解国歌的旋律与抒情旋律之间的差别；乘车也是一样，遵守排队的规则，才不会拥挤，不会出现磕碰。

《妈妈教的数学》中，讲的是妈妈如何激发了我对数学的兴趣，她将生活中的点点滴滴悄悄变成数学的形式，比如清点包了多少个饺子，上下楼时数台阶，记住家里的楼号、门牌号等。我至今都还保有这样的习惯：走楼梯时数台阶、看地板时数瓷砖的数量等。通过这些细小的事情，我从小不害怕数字，对公式也不恐惧，并渐渐爱上了数学。

妈妈教的数学

《爸爸教的数学》讲得更多的是规则。约束自己的行为，靠的就是规则。吃饭、睡觉这些生活中的事情都有规则，上学、放学也有规则，做数学题也要依靠规则。爸爸引导我重视规则、遵守规则，并按照规则做事。规则仅仅是数学思维方法中的一种，在我小学时期的日记中，爸爸出现的次数并不多，但每次出现都伴随着想法、做法和方法的指导，而这些指导都是基于思考方式的。由此，爸爸打开了我认识世界的多条小路、多个小窗。当我成为父亲以后，也延续了他的做法，譬如陪伴儿子打篮球的过程，就是一场对规则和对抗的思维排练。

购买过上一版《妈妈教的数学》的读者反馈较多的是：虽然很受启发，却难以在自己的生活中落实与操作。于是《好妈妈这样教数学》就推出了。借助具体的活动方法及模板，以及具体的示范，将书中的内容贯穿到生活中，妈妈可以三言两语就让孩子对难题茅塞顿开，还能让孩子觉得好玩，在不知不觉中，引领孩子走进数学思维的天地。

这三本书，就是这样的逻辑，让孩子一步步登上智力发展的阶梯，运用兴趣激活的方式让孩子的智力自然发展，同时系统地将规则运用与思维方式训练为一种本能。凭借这牢固的基础，孩子的数学思维可以扩展到方方面面，成为构成智力的主干。

数学是我一生的智慧源泉：从事市场营销工作，靠的是数学；从事销售工作，需要掌握心理学，其中蕴含着数学中的“模糊的对策模型”；从事顾问咨询工作，靠的仍然是数学。可以说，在当下的大数据时代，数学就是我赖以生存的核心血液。数学也是一切科学的基础，是一切学问的皇冠。我并不介意将数学渗透我人生的过程和细节全部揭示出来，让每一位妈妈、每一位爸爸都能获得启发，给孩子塑造一个数学的灵魂，用来迎接未来千变万化的挑战。

随我一本一本来，从《妈妈教的数学》开始，翻开第一页，起步……

看不见的潜能，决定孩子未来高度

种过庄稼的人都知道，种子在地里还没有发芽的这个阶段，是决定庄稼好坏最重要的阶段。这个阶段的土壤温度、水分含量、透气程度都决定着种子发芽的质量。不仅庄稼如此，几乎一切植物的生长过程都如此，甚至一切有生命的机体也都如此。对人类来说，这个阶段就是大脑发育的种子阶段，教育工作者称之为潜能阶段。

潜能阶段的儿童是没有明显表现的，就如同种子没有发芽，你便看不到它的变化一样。有时，潜能优质的儿童外在表现可能要低于平均水平的儿童，比如他们可能很好动、对一些事情反应慢、容易陷入痴化状态等，这些外在表现总是与大脑特殊位置的潜能发育有着密切的关系。

让孩子学好数学是所有国家的教育事业都极为重视的工作，也是家长们内心的殷切期盼。对孩子来说，所谓的数学不应该仅仅是加减法运算，也不应该是口算、速算，更不应该是不断地大量做题。真正的数学教育应该是符合儿童大脑发育规律的活动，而孩子在日常生活中所看到的、听到的、摸到的物体，包括玩具、生活用品等都有激发大脑的作用，这些都是铺垫基础数感的过程。

小学期间，我的数学成绩并不好，但也恰恰是因为不好，才给了我充分的时间和空间去发展大脑中特定区域的能力，也才能让我在初中阶段脱颖而出。我之所以能在数学竞赛中获得不错的成绩，不是大量做题的结果，而恰恰是小时候自由活动的结果，是妈妈、爸爸与我进行各种方式灵活的互动活动的结果，是大脑智力发展、智慧形成、智能地基坚实的结果。

这就是呈现在你眼前的这本2.0版《妈妈教的数学》最新补充的内容，也是我最重视的内容。妈妈与我的那些互动活动都有激发潜能的作用，都不是简单为了提高数学考试成绩才做的，而是为了培育大脑的灵活性思维。儿童灵活的大脑只能来源于家庭，因为学校只是批量普及平均应试能力的地方，更多的是追求机械化的教育模式，也只能用大规模强化式做题的方式。而只有家庭，才是个性化、智能化，激发潜能、培育灵活大脑的地方，这些功能也恰恰只能来自妈妈与孩子每天的互动活动。

潜能阶段的关键性体现在看不见、摸不着，错过了也就没有机会再弥补了。潜能的激发方式、培育方式都不是传统学校教育的样子，也绝不是完全一样的模子，而是多种多样的，是每一个家庭各自不同的，是适应每一个独特儿童的，是渐变的过程，是从原理、规律、科学的角度出发，不断进行适应性调整的做法。

这本2.0版的《妈妈教的数学》尽最大努力解释了儿时妈妈与我在家中的那些做法，不仅仅是那些实际发生过的故事和活动，更有活动背后对儿童大脑影响的科学依据。这不是一本仅凭阅读就可以发挥作用的书，而是要靠每一位妈妈的亲身尝试，在具体的生活中对照落实，你一定会看到效果。

感谢您购买这本书，我是孙路弘。正式阅读前，请让我先啰唆几句。

第一句：书中的日记。那是我童年的记录，源自我的小日记本，其中保留了当时不会写的字和用过的拼音。日记中的片段勾起了我对过去的回忆，这些回忆让我更加理解孩子与成年人在视野和思维方式上的差异。看日记，权当是理解一个孩子的童心。如果你的孩子也在上小学三、四年级，不妨让他们看看日记部分，他们也会学着开始写日记。我的有些日记是在每一回合的开篇，也有一部分穿插在行文中，不妨将它们当作时光穿梭机，让你在我的童年与我的现今之间游移一会儿吧！

第二句：测试题。每个回合的结尾还有测试题。测试题是对读者的理解能力进行评估。一个回合阅读结束，内容都理解了吗，是否存在不理解的地方？这一回合的核心本质到底是什么，妈妈们能够完全领会吗？做一下测试题，就能帮您梳理一个回合的梗概与要点。

第三句：二维码。二维码里乾坤大，拿出您的智能手机，打开微信“扫一扫”，就能看到我的讲解！对于那些不太容易理解的地方，比如手指乘法，扫一下旁边的二维码，把我召唤出来讲解一下，就更容易弄懂了。本书最后的那个二维码，是十道测试题的汇总，您可以在线上实时做题，测试自己的理解，马上就能得到答案解析。

好了，我啰唆得够多的了。阅读本书，开启一段文字旅程，途中有我伴随。欢迎您随时用二维码把我召唤出来，给您说上一段。

测一测

你能帮助孩子激发他的数感潜能吗？

1. 孩子在 3 岁左右会出现很多对智力发展有长远意义的行为，包括以下哪些？（多选）

A. 能够区分相似的事物与不同的事物

B. 将相似物体分堆摆放

C. 对规律图形敏感

D. 喜欢将水从一个容器倒入另一个容器，再倒回来，反反复复

2. 儿童有四种学习模式，以下哪一种最适合数学的学习？

A. 技能模式

B. 概念模式

C. 探索模式

D. 问题解决模式

3. 如果孩子作业中遇到不会做的题，妈妈最应该做的是以下哪件事？

A. 耐心讲解

B. 帮孩子回忆老师课上怎么讲的

C. 陪孩子一起做题

D. 让孩子自己把题目讲出来

4. 孩子运算能力很强，却不擅长解应用题，根本原因是什么？

A. 词汇理解不过关

B. 阅读理解不过关

C. 练习不够

D. 形象思维能力差

扫码立即获取
测试题答案及解析。

目录

指尖上的数学 / 039

从数学的历史发展来看，十进制成为最常用的计算体系应该与人类有 10 根手指有关。数字诞生在手指上，指尖上当然有美妙的数学。

【数学好的孩子是这样养成的】

重要的不是技能，而是不断探索的热情

粗心到底是什么 / 059

成年人想当然地认为孩子应该有积极主动的行为去重复检查。但儿童心理学让我了解到，孩子的本性越淳朴，就越不喜欢重复性的动作。如果妈妈换一个方法让孩子去做，那么主动性和被动性将会发生变化。

【数学好的孩子是这样养成的】

重要的不是纠错，而是预防再次犯错

默想是智力发展的敌人 / 081

说出来的任何内容都是对自我意识的超越，是建立在自我思维的水平之上的。这就相当于为自己制造了双核的计算机处理器，无论是在速度上还是在深度上，肯定都能超越单核的处理器。

【数学好的孩子是这样养成的】

重要的不是答案，而是思维过程

每位妈妈都能锻造一个有价值的人

我的妈妈是一位普普通通的家庭妇女，她怎么有能力教会我数学呢？

在我小的时候，妈妈的任务无非就是给全家人做饭、洗衣，早晨叫我起床、扔给我干净的衣服。10岁那年，我上小学四年级，印象中我家住在一个筒子楼里，从楼梯上去后，一边有5户人家，另一边有4户人家。9户人家共享3个卫生间、3个厨房。每个月，都有一家要负责收齐整个楼层9家的电费。由于那时没有电表，电费都是按照人头计算的。

每次轮到我家收电费时，妈妈就会给我一张纸，上面左侧一列有每家应该缴纳的费用，而右侧是空格，用来填写收缴上来的实际金额。如果左侧应该收到的总数与右侧实际收到的总数能够对上，收缴电费的工作就算完成了。于是我挨家挨户地去收钱，一收到钱就把金额写在右侧相应的位置，然后回家把钱交给妈妈。妈妈点钱，我负责将右侧的数字全部加起来，最后把加好的总数写在纸上。

有一次，我发现左右两侧的总数不符，简单一算，差了三毛六。妈妈听了这个数后，连看都没看就说肯定是我把数字的位置写错了。我一一核对了一下，还真是，有一家应该收五毛九，我写成了九毛五。不过，妈妈清点了实际收到的钱数，却是正确的，也就是说，是我粗心将数字的位置写错了。吃过晚饭，我问妈妈："你怎么连看都没有看就知道是数字位置写错了呢？"妈妈说："差三毛六，是 9 的倍数，应该不会是加错了，而是数字位置颠倒了。"正是这句话让我陷入了长时间的沉静，连续三天，我都没有像往常那样问那么多好奇的问题，这对一个 10 岁的孩子来说，算是很长时间了。

只要差错的数目是 9 的倍数，最大的可能就是数字的位置颠倒了，这是为什么呢？没错，九毛五与五毛九的差就是三毛六，妈妈是通过三毛六推测出我将九和五的前后次序弄错的。这里面有什么规律吗？如果写错位置的是八毛五和五毛八，那么相差是两毛七，仍然是 9 的倍数；如果错的是一毛七和七毛一，相差五毛四，还是 9 的倍数。也就是说，不管我错的地方在哪里，只要差的是 9 的倍数，妈妈都能推测出是我将数字位置弄颠倒了。

她是怎么知道的呢？这个问题不仅让我安静了三天，更让我将一生都投进了数学的天地。就是生活中这么一件小事儿，就能够让一个孩子自觉自愿地投进数学这门如此枯燥的学科，其威力可真是不小。

数学这个东西能够吓住许多人，可很多家长仍然前赴后继地将孩子送上这条艰难的旅途。多少家长因为希望孩子学好数学而送孩子参加各种奥数班、补习班，费了九牛二虎之力，最终却适得其反——孩子一见到数字便心生恐惧。孩子遇到的困难越多，内心的挫败感就越强烈。当家长们匆匆忙忙送孩子走上艰难的数学之旅时，大概从来没有考虑过孩子的心理感受，更别谈什么兴趣激发、培养和发展了。而我的妈妈从来没有强迫过我学习数学，我自然也没有被数学吓住过。小的时候，我对数字、算术没有任何意识，也就是说，对我而言学的不是什么数学，也不是什么算术，而只是好奇心驱使下的游戏、挑战。

试想一下，最初孩子的脑海中本来没有“数学”这个词，父母打算教他这么一门高深的学科，于是正经八百地说：“孩子，数学是所有科学的基础，必须学好，咱们今天就开始从数学的基础学起……”这样从一开始，便在孩子的意识中树立了一个艰难的认识，一个模糊的、似懂非懂的概念。当孩子发现父母和老师讲的许多话都难以理解时，数字、数学、算术就渐渐变成了让他们恐惧的东西，心理上就会本能地出现抗拒、抵触的情绪。这时，父母和老师又觉得孩子不听话、不配合，认为孩子的态度有问题，却不知道实际上是教学方法、教学形式让孩子无法接受。

孩子在能力上不具备接受抽象事物的基础时，所反映出来的消极、逃避不是态度问题，而是能力有限的一种表现。如果孩子从学前阶段就留下这样的心理烙印，小学一、二年级又得到进一步强化的话，那么对孩子来说，数学从此就真的成了令其恐惧的东西，以后每当遇到数学系的学生，他就会心生敬佩，觉得能够学数学那得多么聪明啊！其实，这都是父母和老师造成的。

让我感到自豪的不是我自己，而是我有一位难得的好妈妈。收电费的事情不是杜撰的故事，当然也不是神话，它来自真实的生活。此外，还有买日用品时让我口算钱数、乘公共汽车时让我去买票并核对找回的零钱是否正确等，这样的生活细节培养出了让我引以为豪的数学能力。从小学到初中，再到高中、大学，我在数学领域建立起来的脑力成为支撑思想的能力，这些能力帮助我更快地理解了一些复杂的事情，更快地掌握了比较抽象的概念，更快地进入了新的领域。等我自己成为数学老师后，在与各种不同性格的孩子互动的过程中，我渐渐认识到，让我引以为豪的并不是我自己的能力，而是给了我这种能力的人——我的妈妈。

妈妈的三言两语总能让我回味无穷。每年，我家至少会轮上一次查收电费的任务；每周，我都会有加总一周早餐费用的任务；每天，我都习惯性地计算一次下楼时的台阶数。在这些任务中，我有时能够做对，有时会粗心犯错，但是我的粗心导致的诸多错误不但没有成为挨骂的理由，反而成了引领我探索数学天地的极大诱惑。妈妈指出过我数位颠倒的错误，也指出过忘记进位的错误。总之，她总是能够快速看出是乘法做错了，还是加法做错了。她的这种快速发现错误根源的能力总是让我十分钦佩，在我成人之后更是如此。

妈妈才是孩子智慧启蒙的关键人物。在北京师范大学数学系求学的过程中，我选修的科目中有儿童心理学。这门学科强调，孩子学习任何新知识、掌握任何新能力、建立任何新概念的过程都是循序渐进的，不仅有对术语的认识、熟悉、运用、掌握的过程，还有亲自动手尝试的过程。这个过程可以在学校里由老师辅导来完成，可以通过同学之间的讨论来完成，当然也可以像小朋友玩游戏一样，在参与、体验、尝试中完成。从我幼儿时期的数数、掰手指做加法，到儿童时期的加减法混合、一位数乘法，再到少年时期的两位数乘法、简单除法，然后是智力思考应用题，包括火车追及问题、泳池排水问题、鸡兔同笼问题，及至初中的初等代数、初等几何……每个阶段都有妈妈的影子。我的妈妈没有上过大学，也没有资格当数学老师，甚至连当幼儿园老师的资质也不具备，但她却启蒙了我的数学才智，培养了我一生不变的思考习惯。可见，能够真正启蒙孩子智慧的不是老师，而是妈妈。

每位妈妈都能锻造出一个不同的人。任何国家、任何民族，其优秀的儿女、杰出的人才都是由母亲哺育的。有人说，两个民族的竞争其实就是两位母亲的竞争。妈妈的细致周到成就了孩子的健康，妈妈的三言两语塑造了孩子的信念，妈妈的一点一滴启发了孩子一生的追求。在当数学老师的职业生涯中，我发现每位妈妈都能够在有意无意之间传递一种知识、激发一个兴趣、点燃一簇火花。不断积累的知识最终会成为思想的基石，不断激发的兴趣最终会成就一生的事业，不断放射的火花最终会迸射出光芒，照亮世界、照亮人类，如明星闪烁般灿烂辉煌，妈妈也就成了培养人才的伟大的人。

爱因斯坦有这样一位妈妈，牛顿有这样一位妈妈，莱布尼茨也有这样一位妈妈。再看看中国历史，祖冲之有这样一位妈妈，徐光启也有这样一位妈妈。这些妈妈都是平凡得不能再平凡的人，教科书中没有她们的名字，历史典册中也没有她们的传记，但她们的贡献与她们哺育出的伟人的名字就镌刻在人类历史进程的丰碑上。

对每一位妈妈来说，孩子在12岁以前都是能够雕琢的。妈妈每一个时刻的眼神，每一个瞬间的肢体反馈，每一次的呕心沥血、梦中惊醒，都贯穿着对孩子的影响——对孩子身体健康的影响，对孩子智力发育的影响，对孩子智慧启蒙的影响。妈妈培育的不只是孩子，更是民族的未来。那么，你打算如何启蒙你的孩了呢？

还说回收电费时数位颠倒的问题。任何一个两位数，都可以交换个位与十位，然后做一次减法会得到一个数，那个数一定是9的倍数。比如48可以变成84，84减去48等于36，36就是4乘以9的结果。你不妨再试试28这个数，先变成82，然后做一次减法，得到的是54，54是不是9的倍数呢？多尝试几个，比如37、46、19等等。

神话源于神奇。我的妈妈并不知道这个规律的原理，却知道这个规律，并在比较两个数字的不同时运用了这个规律，让一个孩子觉得如此神奇，并将神奇延续下去，从而成为神来之笔。对孩子来说，原理其实并不重要，重要的是应用，把规律用熟、用透、用烂，从而激发出好奇心。在追问每一个“为什么”

的过程中，孩子渐渐培养了兴趣，获得了快乐，而科学的秘密也就一点一点地被揭示了出来。这一切让孩子陷入其中、不能自拔，不知不觉中挖掘出的潜能、探索出的办法都成了他日后的习惯和本能。智慧就源于其中，能力也萌发于此。

更重要的是，我的妈妈总是能够在日常平凡的生活中找到自然而然的机会来激发我的兴趣。借收电费计算错误的机会激发了我对数字倍数的兴趣，借乘车买票找零锻炼了我对减法的熟练应用，借买书计算费用培养了我口算、心算、连加的能力。每个孩子都有妈妈，但不是每个妈妈都能成为让孩子引以为豪的妈妈。寻找生活中的各种细节，并借机发挥，把话题引到孩子有兴趣的层面，才是合格的妈妈应该做到的。

当我 50 岁的时候，回顾自己走过的人生道路，最感谢的人是我的妈妈。她能够做到的这一切，所有用心的妈妈都能够做到，也一定能够通过对孩子智慧的启迪，对孩子兴趣的激发、培养和促进，让孩子拥有更强大、更深入的思考能力，从而创造美好的人生。

有人说，99% 的父母是教不好自己的孩子的。还有一种观点更加鲜明的说法：再好、再出色的教师，也教不好自己的孩子。有意思的是，我的妈妈在 40 岁时谈到对我的教育，她认为自己是失败的，原因是我没有成为大学教授，没有成为科学家，没有成为知识分子。然而等到她 50 岁再次谈到对我的教育时，她认为一部分是成功的，比如我为人善良、比较正直、追求事业、不断努力，依据是我在不断学习新的知识，并努力进入全新的领域。等到她 60 岁又一次谈到对我的教育时，她认为，她是成功的，原因是我仍然在从事教育领域的工作，并渐渐得到了这个领域的认可，获得了一定的知名度，而且自我感觉有所成就、对社会有价值。

在“父母能不能教好自己的孩子”这个问题上，为了比较客观地判断父母对孩子教育的作用和效果，请思考如下几个问题。

- 是否教好孩子的评判标准是性格好、智力水平高，还是品质好？或者还有其他的标准？
- 是否教好孩子用什么来衡量？是考试分数、老师的赞扬，还是各种赛事的奖状？
- 是否教好孩子应该用孩子的哪个年龄阶段来衡量？

我的妈妈用她的实践给出了答案：好妈妈胜过好老师。老师给的是知识，是理性，是系统；而妈妈给的是兴趣，是动力，是喜悦。妈妈，不是要成为家里的老师，而是要成为一个启迪孩子智慧的朋友。在追随科学的道路上仅仅有知识、理性、系统并不足以启发孩子，往往还会是一种打击。人需要为自己的兴趣所驱动，而这就需要来自妈妈的细心引导与布局。等孩子长大、真正回头去望时，那种感激和敬佩便会油然而生，因为那既成就了妈妈的期望，也成就了孩子的一生。

请你打开这本《妈妈教的数学》，让自己成为一位能够锻造有价值人才的妈妈。

开篇

3 岁孩子的数感潜能

◎对儿童的生理发育来说，早期的营养物质奠定了以后身体的健康基石；而对大脑的发育来说，早期的多样化体验，则奠定了智力发展的基础。

◎ 3 岁左右，孩子会出现很多对智力发展有长远意义的行为。这些行为只要出现，就意味着儿童大脑中基础的逻辑功能区苏醒了，你最好选择由着孩子的行为继续下去。

我的妈妈在 78 岁时，患上了带状疱疹。医生说，这不是一个要命的病，但是对老人来说，恢复期非常缓慢。医生确实有经验，都说对了，用药正确，预料得也准。妈妈在恢复期间，不愿意下床走动，总是感到疼痛和不适，越是接近最终好转的时候，反而越难受，主要是感觉痒，以及轻微的皮肤疼痛。

我不是医生，而仅仅是一名数学老师。看到妈妈被病痛折磨，我心里难受，苦思冥想地寻找办法。于是我把小时候写的日记从封存了很久的箱子里找了出来，那是我从小学二年级开始写的日记。我坐在妈妈床边，开始一天又一天地念我的日记。念的时候，我自己心里的情绪也时有起伏，总是难以平静。每念一段，妈妈都能从自己的回忆中找回若干片段，有一些是我很小的时候的事情，我自己完全没有任何印象。妈妈说的时候面容祥和，仿佛沉浸在其中……于是这又成了我新的日记。

总之，我的目的达到了，成功转移了妈妈病痛的感受，除此之外还引发了全新的经历，那就是陪妈妈具体地回忆往事，尤其是关于我的往事，让我丰富了对自己的认识和了解，再结合我在大学所学的儿童心理学知识，让我对儿童的智力及心理发展、认知形成以及精神建设过程有了更丰富的认识，如同给一个新完成的建筑物配上了节日的彩灯一样。

我出生后，刚满月就离开了妈妈。爸爸带着我，还有一大堆尿布，坐上了从南京去往南浔的长途汽车。后来的很多事情，都是爸爸在把我安全送到奶奶家后，回到南京跟妈妈说的。每一个细节，都是妈妈因为那时心心念念舍不得我而刻骨铭心记下的。在对我说的时候，妈妈一时微笑，一时遗憾，一时感慨。她说，那时候我爸爸一路上抱着我，车一停，我就哭，塞奶瓶都没用；车一动，哭声立刻就停止。从南京到南浔，一路上要停 12 个站，每一站我都没有遗漏，一定会号啕大哭，只要车一动，马上就停止，有时继续昏睡，有时露出被我爸爸认为的“微笑”，也不要奶喝，反而就是那种沉浸其中的样子。成年后的我，非常喜欢开车，驾驶自如、无师自通，仿佛天生就会。这其中的关联，都隐藏在我妈妈说的点滴之中，这其中映射着儿童大脑发育的最初信号。

出生 30 天左右的婴儿，视觉上能看到的距离不会超过 50 厘米，听觉上也仅有对大脑感应信号的反应，能够对妈妈的声音做出识别，对爸爸的声音有安全的感受，然而触觉的发育却是遥遥领先的，包括皮肤的松紧感受、冷热感受、干湿感受以及身体平衡的感受。有了身体平衡的感受，也便能够感受重心的变化，尤其是当孩子被大人抱着的时候，身体扭来扭去其实就是在找自己的重心。

在长途汽车上，刚满月的我已经找到了重心变化的感受，并能够随着车辆的行驶而摇摆，同时大脑不断产生感应信号，这就是由身体平衡感的调节和变化所带来的刺激。当身体平衡感已经调节得非常自如了的时候，车一停，原本适应了的大脑无法继续发射感应信号，便会感到不适，于是就不得不用“哭”这种刚满月的婴儿唯一会的表达方式表达出来。到终点站下车后，大人抱着的姿势变了，又重新回到了之前适应过的重心平衡模式，大脑就没有了对调节和变化的需求，当然也就不哭了。像那时的我那样，刚满月状态下的婴儿如果能够有机会在长途汽车上体验长达 8 个小时的摇摆并形成大脑痕迹，是非常难得的经历。

在我的教师职业生涯中，接触过许多孩子，在与家长们交流的过程中，我曾有意识地了解这些孩子成长中的逸事，想知道他们是否遇到过与我那时的经历类似的情况。的确有很多父母反映自己家的孩子有类似情况发生：车一停就哭，或者哭的音量提高；而车开始行进后，哭的音量就会降低，或者干脆就不哭了。也有一些父母跟我讨论过孩子在火车、飞机或者轮船上遇到的类似情况。我结合自身所学总结发现，出生 6 个月左右的婴儿，如果有类似这样的经历，成年后大都具备良好的肢体平衡能力，对自己行走、跑跳过程中的身体状态有着本能的调节模式，并能够在船上站得稳，几乎没有晕车、晕船的情况。

我妈妈讲起我小时候的事情，那是滔滔不绝的。虽然都是些细小的具体事件，但在我来看，所有小事都有其长期的意义。这也是我格外强调的一个观念的依据。**对儿童的生理发育来说，早期的营养物质奠定了以后身体的健康基石；而对大脑的发育来说，早期的多样化体验，则奠定了智力发展的基础。**

我妈妈年轻时身体不好，一个人在家带不了我，所以大约两岁时，我从奶奶那里回到妈妈身边后，就被送到了军队里的幼儿园。妈妈每天总是最后一个来接我，通常又会与幼儿园的老师说上好半天的话，说的都是我在幼儿园里的表现细节，光她告诉我的就有如下这些情况。

- 不与其他小朋友玩，就喜欢一个人待着。眼前十几块积木，可以一直摆弄，摆弄两个小时都不厌烦。有时喜欢把积木一块一块地拿起来放进盒子里，全放好后，又一块一块地拿出来。这样的过程能重复十几次，始终目光聚焦，津津有味地专注其中。
- 经常左右手各拿一块积木，把它们合在一起，然后换掉其中一个，再尝试合在一起，直到拿到的两块积木大小、形状都很相似后，便将这两块积木一起挨着放进盒子里，再去尝试另外两块。
- 等积木都收起来后，就到抽屉里把擦手的小毛巾一块一块地拿出来，放到小朋友的桌子上，都放好后，又一块一块地收起来，放回抽屉里。只不过，毛巾拿出来的时候都是叠好的，放回去时都散了。于是就拉着老师的手，示意老师，已经放回去了，然后拿着其中一块，做叠的动作，却叠不好。老师明白后便开始叠毛巾，这样也就满意了。

以上这三种行为，很多孩子都有。其实这三种行为表现出了儿童最早期的数感痕迹。

第一种行为是对事件顺序可逆以及事物存在唯一性的认识。反反复复地动手去做，孩子的大脑就对这两个认识根深蒂固了，日后对事件的正向发展和逆向发展都能够自如掌握。对事物存在唯一性的认识也奠定了孩子日后对排他性原理的理解，以及对正负数概念的本能理解。

第二种行为是对形状吻合的认识，这个认识奠定了孩子对事物之间关联性的最初感受。当孩子发现事物之间有关联，并尝试让关联变成现实时，就奠定了他日后对事物变化的理解，并为尝试掌握变化的动力奠定了认知基础。

第三种行为是对事物状态变化的认识。很多孩子吃饭的时候喜欢扔勺子，这是与之类似的大脑活动模式。尝试改变事物的样子，并尝试变回去，变的过程中，能体会到样子、声音、形态的变化，这些变化让儿童的大脑神经元产生了广泛的连接。

对儿童早期智力表现情况及脑力发育阶段的研究是一门系统的科学。这门科学能够充分说明儿童的智力从很早开始就具备发展的能力了，就看大人让他们看到了什么、听到了什么、摸到了什么，以及参与了什么活动。

对于 6 ～ 9 个月大的孩子，可以对他们进行视觉激发。曾经有一个发展心理学实验，就是给这么大的孩子看卡片，每张卡片上有两个图形，比如一个苹果和一个杯子，或者一顶帽子和一根香蕉，总之都是孩子身边熟悉的东西，一张接着一张地变化。孩子大概看过 20 多张后，关注新出现的卡片的时长就会缩短，每张卡片也就看 5 秒左右，视线就转移了。当他的余光发现老师又拿了一张新的卡片时，也是瞄上 5 秒左右，就又转移了。但是当这个活动持续 15 分钟左右的时候，孩子的目光突然能够在一张新的卡片上停留 15 ～ 30 秒。新卡片上的物品还是之前的那些，只不过卡片上的图形变成了 3 个。就这么一个数量变化，便破坏了孩子已经形成的惯性认知。

这个实验的结果意味着这么大的孩子对物品数量的变化已经具备了识别能力、感应能力以及动脑琢磨的意识。当孩子将视线从这张新出现的 3 个图形的卡片上转移后，实验者继续出示有 3 个图形的卡片，孩子的关注时长会渐渐缩减到 10 秒左右，这时，如果又突然出示一张两个图形的卡片，孩子的关注时长会再一次增加到 20 秒以上。

这个实验报告发表后，有些幼儿园将其作为一项活动对小班的孩子展开，两年后，当这些孩子进入大班时，与没有参与过这些活动的同龄孩子比较，他们在对数量的理解方面表现出了显著的优势，甚至对数量变化的操作、理解和说明都超过了比他们还要再大两岁的孩子。而我最大的感触在于，像这样简单的活动，是很少有人会将其与数感能力联系起来的，也不会将其看作早教活动。

儿童在 3 岁左右还会出现很多对智力发展有长远意义的行为。比如玩水，将水从一个容器倒入另一个容器，再倒回来，反反复复不间断。这个过程中，儿童的大脑在生成对事物形态变化的认识，为长大后观察事物的细微变化做好了脑力准备的工作。同样，有过类似经历的孩子大概率不会有多动的表现，也不会有感统失调的问题，原因就是他们的脑力得到了充分的发育。

还有一些孩子喜欢将很多玩具摆放在一条线上，或者将一些相同的扣子摆放为对称的形式，或者把捡回来的各种小石子按照大小或颜色的细微差异分类，这些行为都是儿童大脑智力功能最初的发展表现，爱迪生的母亲就曾在回忆录中写过爱迪生小时候玩小石子的经历。还有就是一些孩子会尝试把玩具或者其他拿得动的东西摆放得到处都是，其实孩子在放的时候，有自己的判断标准，比如颜色相近、大小相似或者形状嵌入等种种匹配方式,也有一些孩子喜欢把不同的袜子塞到不同的鞋里，或者把不同的鞋放到不同的格子里、盒子里等，这些行为都是在对事物进行关联，都是儿童大脑中基础的逻辑功能区觉醒的表现。

这些行为只要在孩子身上出现，就意味着其大脑中基础的逻辑功能区苏醒了，你最好选择由着孩子的行为继续下去，不要阻拦，不要训斥，甚至都不要觉得不可思议，或者觉得很怪异，因为这些行为都是比金子还要宝贵得多的大脑珍宝。这样的行为总结起来有以下这些。

- 对有对应关系以及发生数量变化的事物有视觉上的识别行为。
- 将物体聚集成一堆儿，一会儿分开，一会儿合起来，有时均分，或者按份儿分成几堆儿摆放。

- 体验事物样子的变化，比如揉弄洋娃娃，或者气球、枕头、冰块等。
- 3 岁左右能识别 5 左右的数量，完全不用一一清点，看一眼就可以说出来。

其实孩子知道的很多，只不过他们说不出来。如果你懂得儿童数学能力的底层构建是从一出生就开始的，你就会有意识地去观察和品味，并尝试理解普通情况下成年人很难理解的儿童行为。孩子在 3 岁左右能够知道的与核心数学概念相关的事情有以下这些。

- 看到分堆儿放的物体，知道哪一堆儿多，哪一堆儿少。
- 知道事情发展的次序，比如倒水的下一步是什么。
- 能够区分相似的事物与不同的事物。
- 对规律图形敏感。

我的妈妈在培育我的过程中做了一件很重要的事：她经常对幼儿园的老师说“不要管他，只要不给大人造成麻烦，就由着他在幼儿园里自己一个人玩，想怎样都可以，不吃水果也可以，不睡午觉也可以”。我妈妈也经常请老师到家里来做客。她的这些做法换来了我的自由，而行为上的自由使得我的大脑能够自如地发育。这个年龄段是大脑底层基础发育最宝贵的时间段，也就是窗口期，错过了就错过了，永远不会有了。

也正是因为我有这样的幼年成长环境，才造就了质量上乘的大脑基础。就拿试错行为来说，我是不厌其烦的，失败之后继续尝试，再失败，再尝试。幼儿园老师说我 3 岁的时候喜欢不断地将皮球扔进一个桶里，不管是不是扔进去了，都会跑过去，捡回来，再扔，每次扔之前都会调整距离，站得越来越远。老师们经常在旁边看着我，我扔得满头大汗也照样乐此不疲。这才是最宝贵的经历，没有老师的干预，没有被父母训斥的环境，就这样让大脑充分地野蛮生长。有时候我还会看着蚂蚁在空地上爬行，一看就是 30 多分钟。低着头，随着蚂蚁的移动而移动，那种专注的感受从未被打断和剥夺过，也由此形成了我后天对自己感兴趣的事情可以聚焦很久的能力。

想想现在，很多父母感到烦恼来自老师的压力：老师说孩子注意力分散，孩子坐不住，孩子不敢尝试，孩子这个、那个等。回归根本，想一想孩子在 3 岁以前，你给了他多少机会去发育大脑呢？人类与任何物种都不同的地方是，在生命的早期可以不管不顾，把所有的养料都用来发育大脑，不是发育肌肉，也不是发育骨头，就是发育大脑，身体从食物中获取、占有、吸收到的养料，75% 都用来发育大脑了。当大脑获得来自身体的养料后，还需要获得来自视觉、听觉、触觉的变化感受，结合这样的感受，再配合大脑神经元的激活和连接的形成，才能有发育充分且功能齐全的大脑部件。

从遗传学的角度出发，没有天生的神童。通过遗传得到的大脑结构，人与人之间的最初差异小于 10%。这是大脑硬件比较的结果，无论是爱因斯坦、牛顿、爱迪生，还是莫扎特、贝多芬、毕加索，出生时，他们所拥有的都是再普通不过的大脑硬件，让他们成为伟人的是 3 岁左右装入的“操作系统”，以及 6 岁左右装入的“软件应用程序”。

儿童大脑的操作系统是主管大脑基础运行过程的，包括运行的时长、运行的质量、运行的速度等，这个操作系统是妈妈培育和安装进去的，多数情况下，也只有妈妈能胜任这个工作。然后就是在操作系统之上的软件应用程序，比如文字处理软件，或者图片加工软件、数字运算软件等，这些多数都是父亲安装进去的，或者更多的情况下是老师安装进去的。儿童的大脑毕竟不是电脑，因为孩子是活的，想要把一些应用程序装到大脑里，只有在孩子自己乐意、心甘情愿的状态下才行。因此，只有能让孩子主动、积极、配合地自己装上这些应用程序的环境，才是质量上乘的儿童成长环境。

在妈妈恢复身体的这段时间，通过与她的交流，我记录下了我的童年、我过去的经历，也重新回顾了我儿时的日记。如果你能够从自己孩子的行为中看到儿童大脑发育的样子，从而改变自己以往的惯性行为，调整自己以适应儿童大脑原有的发展模式，并为孩子创造适合这个模式的视听环境的话，那就是在培育幸福的孩子了。一旦孩子的大脑具备了质量上的优势，等到 10 岁以后，展现出来的就是莫扎特，就是毕加索，就是爱迪生啊！为了孩子大脑硬件的发育，你会购买优质的奶粉；而孩子大脑软件的生长，需要的则是你自己的用心改变。只有这样，才是为孩子种下无尽的潜能。这是无论孩子以后想成为什么样的人，都可以让他实现的足够的大脑潜能，是能够源源不断地孕育出无限脑力的潜能。

家里有一杆秤

◎ 4 岁左右，孩子就已经对物体的重量有感觉了，能够比较不同物体的轻重。6 岁左右，孩子就能够形成“物体轻重的不同是可以通过数字量化来比较的”这种认知。

◎眼睛看得多了，耳朵听得多了，参与得多了，看到了自己的不同做法所产生的不同结果，也就开始对事物有了兴趣。重要的是，这一切都不是事先有人告诉你的。

妈妈教的数学

1972 年 3 月 21 日　　星期二　　阴

今天放学回家，一进门就看到妈妈在用秤称重量。秤盘上放了萝卜，旁边还有我家的米袋、我的枕头和纸。妈妈称了东西就写上数，我看到 6 两、1 斤 1 两等几个数。这时，妈妈拿起我的书包放到秤上，然后在长条棍儿上挪那个疙瘩，她说那是秤砣，之后拿笔写上：2 斤 4 两。妈妈让我把书本、铅笔盒都拿出来，分别放到秤上，又都写了数，我就知道了我的铅笔盒重 2 两，3 本课本重 4 两，空书包重 6 两。这一天过得很有意义。

我的爸爸在当时的广播事业部文工团工作，他工作使用的工具是钢琴，输出的结果是歌曲。我的妈妈年轻时身体不好，从部队退下来了，她每天的工作就是照顾家庭、照顾我和弟弟。这样的家庭怎么会有一杆秤呢？

上大学之后，我渐渐有了一些社会意识，开始觉得在自己成长过程的点滴中，还有一些没有解释清楚的情况，于是翻阅起了从小学二年级开始写的日记，试图理解当时的情况以及当时自己生活的细节。我对家里有这杆秤感到十分奇怪，于是就此事向父母询问，这才明白一个没有做过生意的家庭怎么会有秤。

一天，我的父母在下班回家的路上看到一家商店门口排起了长队，妈妈不由分说赶紧加入队伍，排了一个多小时才进到店铺内，发现大家

排队买的是秤。爸爸埋怨妈妈见队就排，也不问卖什么。妈妈说，其实家里也是需要秤的，有时感觉买回来的肉斤两不足，需要一杆秤来称一下。于是两人没有过多地争议，就把这杆秤买回了家。5 块钱的秤，对于当时每月收入只有 38 块钱的家庭来说，不是一笔小数目。在那个什么东西都短缺的年代，只要有排队的地方，就意味着有东西卖，不由分说排了队再看的情况屡见不鲜,买到不需要的东西自然就是家常便饭了。这杆秤说起来其实是妈妈“乱排队”的结果。既然秤的价格不便宜，妈妈又说秤有用，那她当然就会更多地使用这杆秤了。

可是妈妈肯定没有想到，1972 年 3 月 21 日，她给我的书包称重量这个举动深深地影响了我。从那天起，我回家后的第一件事就是给我的书包称重量，后来开始给爸爸的茶杯称重量，家里 10 斤以内的小东西都被我称过了一遍。有一天在学校，校办工厂车间的许老师到班里给我们讲勤工俭学做橡胶圈的事情。下课后，我看到许老师喝水的大茶杯，顺手掂了一下，然后自言自语地说：“1 斤 6 两。”许老师听到了，看了我一眼，笑了笑说：“你说这个茶杯 1 斤 6 两？”我没敢说话。等到下午放学的时候，许老师到班里找到了我，让我去一趟校办工厂。到了以后，他让我拿起桌上的茶杯，我掂了一下，他问我多重，我说差不多 9 两。这时许老师从办公室的门后取出一杆秤，把茶杯放上去称，然后惊讶地问我：“你怎么只用手就能知道多重呢？”

我每天给书包、书本、铅笔盒、茶杯、水杯称重，都是自己用手拿上拿下，连续称了一个多月，手感越来越准，当然能够做到用手估重了。

当我有了一个小小的绝活儿，能够让学校的老师感到惊讶，并特别叫我到办公室去验证而不是批评我时，这对还是孩子的我来说简直就是天大的激励。

记得有一天回家，妈妈见我又在给书包称重，于是拿过来一个瓶子，瓶中有水，她让我称一下重量。称完后，我在纸上写下：1 斤 6 两。妈妈说应该写成 1.6 斤。接着，我把瓶中的水全部倒掉，再称是 8 两，然后妈妈让我写成 0.8 斤。这时，妈妈问我刚才的水有多重。我哪里知道水有多重，我都不知道“斤”是什么、“两”是什么，当时只知道这些字代表了这个东西重的程度，数越大，当然就越重了。不过，在不断称重的过程中，我学到了 10 两就是 1 斤、1 斤就是 10 两的知识，记得非常快，也理解得很透彻，于是据此算出倒掉的水重 8 两，也就是 0.8 斤。

对小数点的接受过程是自然的还是人为的，这对孩子的理解与应用来说至关重要。此时我才意识到小数点的作用是更加容易得出两个数之间的差，不然妈妈给我解释 1 斤 6 两减去 8 两将是多么大的麻烦。妈妈讲到 1 斤等于 10 两的时候，我说那么 1 斤 6 两不就是 16 两吗，从 16 两里拿走 8 两，就剩下 8 两喽。

小数点是数学历史发展过程中一个重要的里程碑，是数学领域的一件大事。把这么大一件事讲给小学生听，唯一的结果大概就是成功地把孩子都吓住，使他们在平时生活中再也不敢触碰相关的事情了。妈妈的成功之处就在于让我自然地接受了小数点的作用，却没有用多么悠久的历史、多么辉煌的成就来培养我敬畏的心情和崇拜的心理。没有了类似这样无用的负担，又与眼前的生活息息相关，我接受起来自然就轻松得多了。

这件事至今仍令我记忆犹新，并不是因为我第一次知道自己喝了多少水，也不是因为自己成功算出了瓶子的重量，而是在那个星期五，学校算术课上老师出了一道题，这道题让我牢记了以上所有的画面。

一个装满水的瓶子，连瓶带水共重 8 斤，倒出一半的水后再称，重 4.5 斤，那么瓶子是多重?

老师的题目出来后，我都没有举手就脱口而出了：“倒出了一半的水后重 4.5 斤，8 减 4.5 等于 3.5，这 3.5 斤就是倒掉的那一半水，所以原来的水总共有 7 斤，连瓶带水共重 8 斤，那么瓶子当然就是 1 斤了。”老师觉得我一定是以前做过这道题目，所以没有让我发言，而是给了其他同学更多的时间。我却开始不安，甚至开始打扰其他的同学。我居然问：“你们知道倒掉一半水后，瓶子里还有多少水吗？”我印象很深，那天放学后我被老师留校了。老师让我说出是在哪里事先学过的，我说不出来，结果就是妈妈被叫到学校领我回家。从此以后，所有有关重量的应用题没有一道难倒过我，而且我都能以最快的速度讲出正确答案。

物体的轻重是最容易让孩子理解量化作用的切入点。对孩子来说，重量是一个比较抽象的概念，要到小学五年级才会学到。书中比较明确的说法是：重量是物体受万有引力作用后的度量，一个物体重量的量化数字就是这个物体的重量。其实对孩子来说，4 岁左右就已经对物体的重量有感觉了，能够比较出拿在手里的不同物体的轻重感觉。6 岁左右，孩子就能够形成“物体轻重的不同是可以通过数字量化来比较的”这种认知。比如，通过看不同罐头上标示的重量，就可以知道哪个拿在手里会轻一点、哪个会重一点，而不用依靠手的感觉来比较。

对物体的重量进行数字量化、对温度进行数字量化，这些都曾经在人类文明的进程中发挥过重要的作用。仅仅通过看数字就能够知道哪个东西沉、哪个东西轻，这对孩子来说是神奇的，神奇的标志又在于数字，我大概就是这样开始喜欢上数字的。每次跟妈妈去菜市场买菜的时候，我都是左手拎拎、右手拎拎，然后回家用秤来验证我的手感，并把重量用数字的形式写下来。就这样，数字开始在我的脑海中变成了一个生活中的东西，可以用来标示重量，也可以用来标示温度，还可以用来标示长度。数字打开了我脑海中量化事物的大门。

小数概念的自然接触和掌握。孩子在学习数学的过程中，正常接触到小数是五年级，而我在四年级的时候便在不经意间接触到了，小数即比 1 还要小的分量。妈妈没有给我讲小数的定义，也没有讲小数对数学的意义。对我来说则很直接，那就是测量的时候，秤砣的位置如果在秤杆上标示的数字刻度 1 的左边，就是不到 1；如果落在 1 的右边、2 的左边，就是 1 点几。接受一个对普通孩子来说比较抽象的小数概念，对我来说竟然这么轻松、这么不知不觉！

在学校的课堂上，老师一本正经地讲了 40 分钟，许多孩子还是觉得“小数不就是比较小的数吗”。我在辅导小学四年级的孩子时，有的孩子给我举小数的例子时说：“1、2、3 都是小数。”还有的学生说：“9 也是小数。”我要求他们进一步解释，于是听到了这样的回答：“我们现在都是 8 岁或 9 岁，还是小孩子，所以 8 和 9 都是小数。当然，幼儿园的孩子只有 3 岁、4 岁、5 岁，他们更小，所以 3、4、5 就是更小数。”居然还有孩子说：“小学是一年级到六年级，所以 1、2、3、4、5、6 都算小数。”孩子往往是通过自己体验到的生活来认识事物的，产生这样的想法也不足为奇。后来经过我的循循善诱，这些孩子才在不知不觉间对几个难点的概念逐渐融会贯通了。寓教于乐就是来自生活的教育。

亲手挪动秤砣，让手指拎住的那个点的两边持平，然后查看秤杆上的刻度得知东西的重量，这样就可以学会斤两的关系。现在的孩子都是在学校里学习这些内容的，但学校并没有足够多的秤来让每个孩子都随意地使用。其实，在玩的过程中理解了知识，掌握了概念，学到的东西才是融会贯通的。让孩子在回家后动手实践，不仅不会花费太多时间，反而会让孩子在玩的过程中得到更多、更全面、更实在、更实用的能力。今天教育界津津乐道的寓教于乐，说的不就是我妈妈对我做的事情吗？

家里需要一杆秤。等我到了大学四年级学习儿童心理学时，才理解家里的这杆秤对我智力发展的作用及其背后的本质原理。重量是一个抽象概念，只有与生活中身边的事情结合起来，才会变成眼睛能够看见、双手能够感觉到的具象的东西。这时，孩子的脑海中也就建立起了对应的数字概念，理解了物体重量的意思，并能够与手里的感觉对应起来，进一步刺激大脑皮层与手、数字、概念之间的联系。而缺乏这种体验的孩子在学习重量、长度、时间、温度的时候，就会仅仅停留在对概念的理解上，无法与具体的生活相结合。感谢妈妈那次无心的排队，感谢她购买了这样一杆秤，激发了我对数字的意识，激活了我对概念的理解。

如果你的孩子已经上小学了，你家有这样一杆秤吗？其实，你不一定非要照搬我的成长过程。你可以把温度计利用起来，也可以用上尺子，这些工具都是人类文明发展历程中的里程碑。能够做到用数字计量事物，人类的智力就能够在前人的基础上进一步发展了。一杆秤，可以让孩子学到重量的概念，掌握数字的作用，体会小数点的用法，理解比 1 小的数的实际意义，还实际感受了如何控制平衡：秤杆两边重量不同的两个物体，通过调整它们到拎节点的距离就可以让秤杆保持平衡……这些知识、术语、概念不知不觉间都变成了我脑海中的东西，仿佛我天生就会、天生就懂似的。

其实，哪里有那么多天生就聪明的人，哪里有那么多天赋异禀的人，大都是后天的环境、后天动手的活动造就的。眼睛看得多了，耳朵听得多了，参与得多了，看到了自己的不同做法所产生的不同结果，也就开始对事物有了兴趣。重要的是，这一切都不是事先有人告诉你的。然而许多父母的做法是，在开始讲知识之前就先跟孩子说：今天要教一个会影响你一生的东西……对孩子来说，这个套路起到的作用仅仅是恐吓，被吓得僵化以后，孩子对后面听到的东西就变得只有机械模仿和简单重复了，毫无乐趣和生机。作为抚育一个民族的母亲，你可以对这种情况说“不”，你可以行动起来，让你的家里也有“一杆秤”。

我从初中二年级起就想当老师，尤其想当数学老师。为了这个理想，我报考了北京师范大学。毕业后，我如愿成了北京师范大学附属实验中学的数学老师。在教学中，当我看到学生在理解概念的过程中遭遇的各种挫折以及他们拥有的各种与大人完全不同的理解时，我才有意识地去回忆自己学习这些概念的过程，才认识到妈妈给我创造的生活环境、给我营造的智力发育氛围、给我布置的智慧启蒙道具，也才意识到不是所有的孩子都经历过类似的环境、体验过类似的氛围，或者接触过类似的道具。

我很想问问妈妈，她是怎么知道环境的重要性、氛围的意义和道具的作用的。她没有上完初中就参军了，她怎么能够如此智慧地为我布下成长的“天罗地网”呢？妈妈的回答出乎意料：“我没有故意给你什么好的环境，也没有特别弄什么氛围、搞什么道具。我只是顺着你做的事儿碰巧讲到了就讲到了，没有讲到也就算了。”这样的回答用一句谚语来描述还真是恰如其分，那就是“无心插柳柳成荫”。而我从事教育工作 30 年后体会到，那些望子成龙的父母的做法、想法，以及为此努力落实的方法，大多是另外一句谚语的折射，那就是“有心栽花花不开”。

一切皆有原因。当我养成了数学思维的思考习惯后，就一直不相信世界上的偶然事物。妈妈做的事情对她来说可能是无心的，但一定有可以寻找、挖掘出来的东西，那些东西是符合儿童学习认知规律的。一定有这样的方法，而我妈妈不过是偶然地契合了。找到这样的方法并揭示其背后的规律，复制人们想要的结果，也就能够控制好“花朵开放的节奏”。花朵不是无心随意开放的，有关温度、水分、土壤、气候等本质的规律必然存在，否则人类凭什么成为万物之首，又凭什么能随意到太空去转一圈、到地下去采出黑色的煤炭来取暖呢？

凡事皆有因果，孩子的成长仅仅是许多“因”结出的一个“果”。多数家长要的是“果”，追求的却是补习、做题、练习这些“因”。而从妈妈对我的影响过程来看，这些都不是什么真正的“因”，只不过是表面上的花拳绣腿罢了。智力启蒙一定有方法，一定有规律，一定有人可以主动控制的“因”。当一位好妈妈，有效地激发孩子形成对数字的认识，你完全可以做很多事情。

妈妈教的数学

◎ 让孩子把手伸到冰箱中 10 秒，问他有什么感觉，然后用温度计测量冰箱里的温度。再让孩子把手放到冷水中，然后问他，是冰箱里凉还是水里凉，看看孩子是否会用温度计上的数字来解释。

◎ 问孩子是爸爸高还是妈妈高，再问他分别有多高、高多少，并拿出尺子来测量，让孩子把测量的数字写下来。

◎ 告诉孩子一个游戏只能玩 3 分钟，然后玩游戏时开始计时，游戏结束后告诉他开始时指针的位置、结束时指针的位置。再让他玩 5 分钟，让他自己计时。

◎ 拿两个不同的杯子，问孩子哪个杯子能盛更多的水。再取一个透明的瓶子，将其中一个杯子盛满的水倒入，在瓶子对应的水面位置画线，然后将水倒掉；再倒入另外一个杯子盛满的水，就可以知道是高于先前那个刻度还是低于那个刻度，也就对“水的多少”有概念了。

如果你的家里也有一杆秤，这一回合中所讲的事就都可以做到。

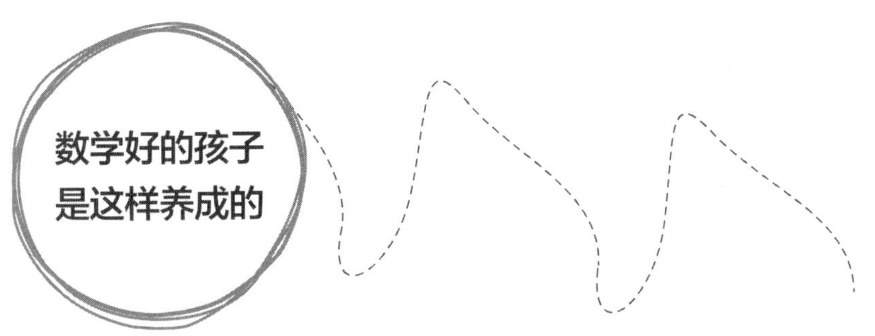

数感能力并非来自训练，而是一种本能

数感是大脑的一个功能，是对数量的本能直觉，不属于训练出来的技能，通过严格且大量重复的机械训练是练不出来的，因此不能像训练运动员那样训练儿童的数感能力。数感能力的获得有一个要诀：必须是主动、自愿的，即从事数学类脑力活动的时候要有高兴的心情。而这其中的关键就在于，这类活动得是来自家庭、来自妈妈的。

不妨来评估一下孩子面前的你——这个妈妈吧。试想一下，如果你的孩子与其他小朋友聊到自己的妈妈时，他会说些什么呢？会说出哪些关于你的内容，有哪些令他印象深刻的行为、语言以及表情呢？然后，试着将这些与你有关的内容分为两大类，一类是令孩子感到幸福、温暖的举止和言行，另一类是语气严厉、表情严肃、几乎看不到笑容的。你可以试着对比一下，哪一类的内容比较多呢？

这一回合讲的是“家里有一杆秤”，而这杆秤中压分量的是活动过程中的亲情。让我不知不觉参与其中的，先是看到妈妈拿起我的书包称重，然后是称了铅笔盒、每一本书，再接着就是做记录，这可比学校老师让做笔记强多了。因为，眼前的事情容易理解，我知道这是在称东西的重量，不知不觉也就熟悉了小数点，知道了斤两的概念，知道了秤杆、秤砣、准星、托盘、对准的刻度线……这些都是名词术语，放到课堂上，老师讲半天，学生可能还是感到云里雾里，不知道在说什么。女生更多的就是记住它们，也不管现实中是见过还是没见过，大概也并不觉得有什么意思，反正就凭借记忆力，记下来就得了；男生差不多就是走神儿了，老师在讲台上滔滔不绝地讲，讲的什么都与自己无关，作业自然也做不好，课程内容也断片儿了接不上。

我在与妈妈互动的过程中，妈妈的表情是专注、自然的，没有审讯的样子，也没有挑刺儿的表情，不是那种“你怎么又错了”“你怎么又让我不高兴了”的神态，完全就是母子俩配合着做了一件事。这种一起做事的过程就是一种合作，孩子是发自内心地想掌握妈妈会做的事情，努力帮助妈妈完成她想完成的任务，参与的过程中也是全程专注、让做什么就做什么的状态，脑力全开，如同吸尘器一样吸收所有听到的、看到的，并且写出来、说出来，再与妈妈核实数字、重复物品的名称。这个过程不仅用到了大量的数字，还运用了很多文字。

通过对我儿时日记的回顾，在念给妈妈听的过程中，我们进行了更多的讨论，这些讨论让我们都陷入了回忆。妈妈的这些做法与我接触过的很多父母形成了鲜明的对比，这种强烈的反差让我对现在的孩子产生了同情，并为他们的未来感到担忧，尤其是在亲情方面，以及人际关系方面。**这杆秤的作用不仅在于头脑的开发、数学能力的提升，还在于心理层面的滋养。良好的家庭活动，作用在于多方面促进孩子的正向成长。**而功能单一的作业辅导、送补习班等都是以考试为核心、以分数为目标的，父母不参与其中，却又在孩子不能让父母满意、如愿的时候，脸上尽是埋怨、责怪的表情，说出来的话也多是千篇一律的“要努力，不然将来怎么怎么样”之类的老生常谈，孩子都听腻了。

已经21世纪了，你再想买一杆秤都不容易了，恐怕只能买到天平秤，或者更常见的数字式称重器了。其实你也不必非要购买这样一杆秤，关键在于从我的回忆中领会要诀，与孩子合作互动。家庭中要有围绕着一件事情展开的，全家人都能参与其中的活动。秤只是一个物件，如果不是秤，也可以是一个温度计、一把尺子、一个体重秤，或者一套华容道游戏棋、一个魔方、一只风筝……具体是什么不重要，它的作用在于凝聚家庭成员，共同去做一件事。在全家人参与其中，共同完成一项任务的过程中，会涉及大量具体的步骤和细节。比如全家人一起动手做一个手工表盘，孩子便能从中学到除法的概念，学到画一个圆的方法，以及在圆的中心钉一颗钉子，便能让指针旋转。这与课堂上老师让孩子端正坐好、认真听讲的学习过程截然不同，是符合儿童认知规律、与大脑吸收信息的方式相吻合的。有参与，有尝试，有失败，有遗憾，有满足，有欢乐……什么都有，这就是全面的、设计好的儿童大脑成长发育的环境。

这一回合的末尾给你留下的4个活动任务，都是可以在家中做到的，并不难。重要的是，你要知道做这些活动任务的意义是开启儿童的大脑，激活一个又一个的软件，创造多个功能区协同作用的机会，从而让孩子的多个大脑功能区联动起来，让不同的软件彼此作用，让儿童的大脑对形状、空间、数量的处理形成感觉。这4个活动都非常简单，却隐藏着无尽的机关，这些机关都是能够让大脑智力发展的营养。智力并不是靠做题就能发展出来的，也不是单凭考试分数就能说明的，而是要靠活动，尤其是家庭日常活动来激发。这些活动中蕴含着常识，蕴含着事物之间的变化规律，蕴含着儿童大脑发育所需的营养元素。活动虽简单，却能对大脑的核心基础层面起到铺垫作用。

一周做一次活动，4 个活动可以做 4 周。每一次活动都不必尽善尽美，只有做得不如意，下一次才有调整的机会。这种通过多次调整越做越好的过程，也是儿童大脑需要接受的一种状态，因为在未来的生活和工作中，大多数事情都是渐渐做好，然后渐渐做到最好的，很少有哪件事是只做一次就可以如愿的。只有在这样的“尝试—失望—再尝试—再失望—不断尝试”的过程中取得了预期的结果，获得的快乐才是大脑发育真正所需的燃料，也是造就儿童未来遇到挫折和坎坷时可以不屈不挠这种品质的必经之路。

落实吧，落实才是对儿童大脑真正有价值的做法。

从秤的使用开始，还是孩子的我学到了数字，学到了小数，理解了重量，并能够在手中实际感受重量。这其实与儿童的认知过程完全吻合。任何人学习新的东西都有3个基础模式，分别是触觉模式、听觉模式和视觉模式。试错是人类最早发展起来的学习模式，属于触觉模式。这一回合中，儿时的我通过不断地实验、体验、参与，动手的过程驱动了大脑，从启动到疑问，接着就是想出来一些事情。这个过程是不能省略的。多少父母都希望孩子快一点儿学到知识，快一点儿掌握知识，快一点儿提高能力，实际上就是省略了探索的过程，彻底打破了孩子自然的发展步骤，最后即使学会也是没有过程的，容易遗忘。

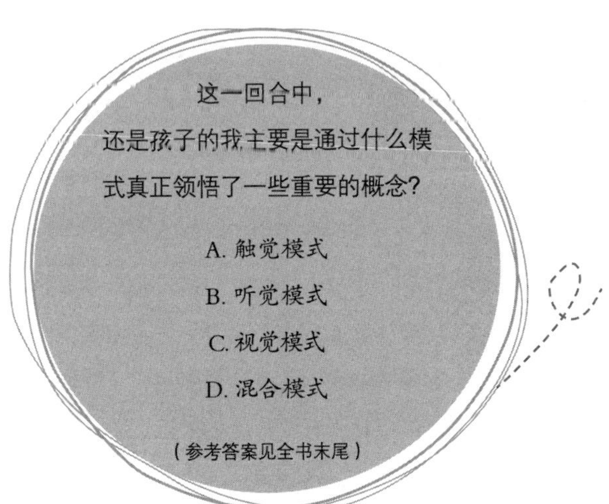

这一回合中，

还是孩子的我主要是通过什么模式真正领悟了一些重要的概念？

A. 触觉模式

B. 听觉模式

C. 视觉模式

D. 混合模式

（参考答案见全书末尾）

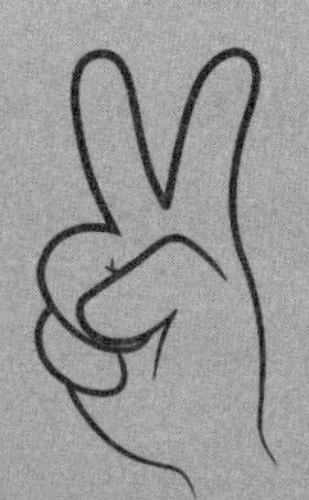

指尖上的数学

◎参与的过程比最终记住的结果重要得多。

◎每位妈妈都能够做到，在日常生活中带孩子玩好手指头，借此来启迪智慧、激发兴趣，获得与众不同的感觉。

妈妈教的数学

1973 年 5 月 15 日　　星期二　　晴

今天我又被留校了，老师找家长到学校。我以为回家后爸爸又会 zòu 我一顿。回家的路上我走得特别慢，妈妈一直自己在前面走，我磨磨蹭蹭地进了家门。爸爸还没有下班。妈妈去做饭，我老老实实地赶快做功课。爸爸晚上回来没有 zòu 我，可能是我今天作业完成得快吧。

1973 年 5 月 16 日　　星期三　　晴

今天上算术课，程老师表扬我了，还让我到前面给大家讲背诵九九乘法表的法子。那是我妈妈教我的，我用手指头做过加法，现在可以做乘法。所有的同学都不知道，老师也不知道。晚上睡觉前，妈妈说昨天她告诉老师我用手指头算乘法是她教的。我让妈妈再多教我一些绝招儿，这样老师同学就都觉得我挺神的。

记忆力这东西，不同孩子的表现真不一样。从一年级的时候开始，老师就总是强调讲过的东西要记住，而且对班里的男生还要进行特别强调：不仅拼音、新字、符号这些写在黑板上的都要记住，回家还需要按照老师的要求背诵指定的短文。

老师在强调记忆力的时候对男生与女生的要求是不一样的，而且给我印象最深的是，老师对我会格外严格。妈妈也说过，我粗心的原因就是记性不好。为此她还特别给我找来一些据说能够提高记忆力的食品吃，比如核桃、豆浆、菜花等。现代脑神经外科医学的研究结果也部分论证了妈妈的这些不知从哪儿得来的土法子的正确性，比如豆浆来自黄豆，富含大量的卵磷脂，是大脑运行需要的主要物质；菜花富含乙酰胆碱，是直接刺激脑细胞活跃的主要物质。

虽然妈妈在饮食上用心良苦，但还是无法帮助我快速记住乘法口诀。男生与女生的记忆力水平不同，就算都是男生，不同小朋友之间的记忆力表现也不同。我为什么就记不住那些知识呢？于是，妈妈开始使用她的新方法，这次竟然是手指游戏。

参与的过程比最终记住的结果重要得多。“一一得一，一二得二……七七四十九，七八五十六……三九二十一，四九三十九……”每一次，不仅同学会笑，老师还会让我留校，让我大声朗读书中的九九乘法表 10 次、30 次、50 次，只要错一次，就额外再加 10 次，我简直恨透了这个玩意儿，心想：“这有什么意思啊，就算我把 3 乘以 9 的结果弄错了，又能怎么样呢？犯得着这样吗？”无奈的是，只有 8 岁的我，怎么能拗得过大人呢？上课如同受罪，被老师点名站起来回答问题简直就是酷刑，留校更是命运的折磨！而妈妈来学校接我回家则是快乐的时光，一路上我们便开始了各种游戏，包括手指头的游戏（见图 2-1）。

妈妈： 2 加 6 等于多少？

我： 8。

妈妈： 8 加 6 等于多少？

我： 嗯，14。

妈妈： 还记得用手指头做的加法吗？

我： 记得！

妈妈： 2 加 6 用手指比给我看看。

我：（伸出双手，伸到自己眼前，一个一个地掰着指头。）1、2、3、4、5、6、7、8，你看，这是 8 个指头。

妈妈： 好，我们重新来一次。把 10 个手指都伸出来，从你的左手开始数到 4。然后把这个手指弯进去，现在还有几个指头是伸着的？

我： 9 个啊！

妈妈： 弯下去的这个指头左边有几个？

我： 3 个。

妈妈： 弯下去的这个指头右边有几个？

我： 6 个。

妈妈： 你是数到第几个指头弯下去的？

我： 第 4 个。

妈妈：你还记得 4 乘以 9 是多少吗？

我：三十……嗯，几来着……

妈妈：左边有 3 个，右边有 6 个，就是 36。

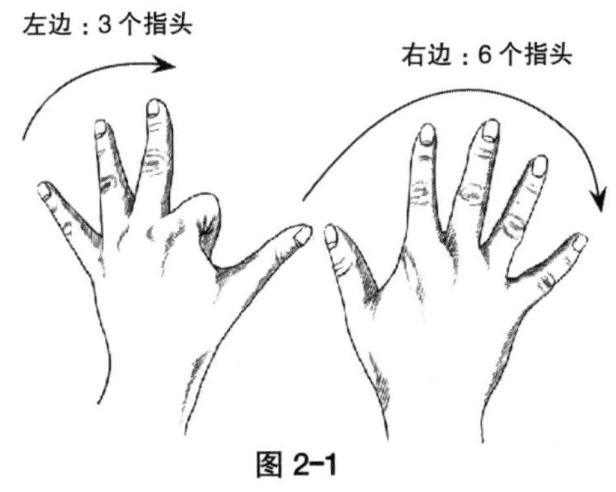

图 2-1

我重新看着自己的手指头，把刚才妈妈说的做法从头做了一次。伸出双手 10 个指头，从左手开始数数，数到 4，把这个指头弯下去，左边有 3 个指头，右边有 6 个指头，这就是 4 乘以 9，是 36。

我：妈妈，那 5乘以 9呢？

妈妈：数到第 5 个指头，弯下去，看看左边几个右边几个。

我快速地做了一下，左边有 4 个，右边有 5 个，那就是 45。是啊，五九四十五嘛！接着我又试了“六九”“七九”“八九”直到“九九”。其中在做到“八九”的时候，我右手的中指弯不下去，妈妈就帮我按住这根指头，左边 7 个，右边 2 个，就是 72。

这时从学校回家的路才走了一半，妈妈不断提醒我看车、看路、看行人、看树，因为我一直在摆弄自己的手指头。

第二天学校的算术课我就不害怕了，一个晚上在家里摆弄手指头，乘以 9 的口诀早已了如指掌，实际上我已经完全不用摆出双手了，因为脑海中就是双手 10 个指头的影像。

就这样，九九乘法表中乘以 9 的部分我再也不怕了，也再也没有出过错。老师要求小朋友重复朗诵许多遍的意图，其实是想让孩子记住，我妈妈让我摆弄手指头的意图也是让我记住，但这两个过程却完全不同。机械地重复朗读，试图强迫自己记住，这是多么无聊、枯燥、折磨的过程啊，一点儿乐趣都没有。我妈妈想的法子居然是让我摆弄手指，我摆弄了一个多小时仍沉醉其中。一个小时后，我的脑海里就全是这些不同组合的手指的影像，不也记住了吗？结果都是记住一些知识，过程却有着天壤之别。

老师和同学的认可是一种永恒的、源源不断的激励。随后的几天，在一位数乘法上我再也没有出过任何错误。我进步的速度非常快，从最差的一名，直接超越了班里所有小朋友。有时，我还会拿出手指头来摆弄一番，然后再说出答案。老师觉得我手里事先写好了乘法口诀表，于是检查我的手掌，却发现我其实并没有看手掌，而是在看手背，可是我手背上没有任何字。老师给我出题："四八多少？"我摆出了两只手，然后说："32。"（见图 2-2）①

① 乘以8、乘以7的手法诀窍参考本书第六回合的内容。

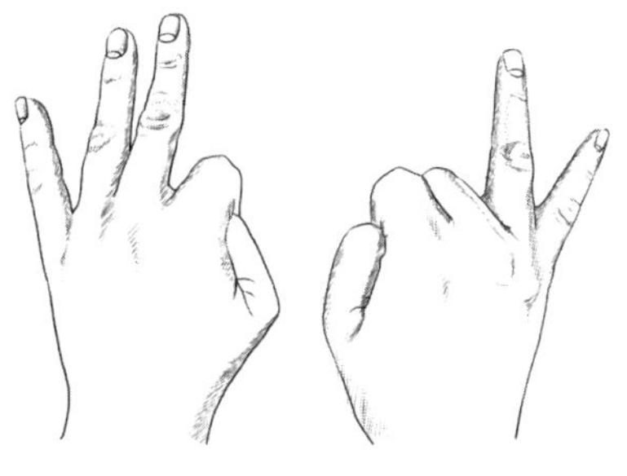

图 2-2

老师让我停住两只手，当时我的左手有三个指头伸出，右手有两个指头伸出。老师发觉其中有奥妙，便问我是怎么弄的，我说不出来，也没有说是我妈妈教的。因为在我的印象中，妈妈没有特别坐下来教过我什么。这一天我又被留校了，1973 年 5 月 15 日，就是这一回合开篇日记的来历。第二天，老师让我到讲台上把这个法子讲给所有同学听。同学们的眼神让我觉得自己很神奇，老师的认同让我觉得记忆力差不见得是坏事，变一个法子反而可能更出色。

自这件事以后，我在算术课上就没有走过神儿，也没有再感到过痛苦，因为同学们已经觉得我很神奇了，我当然不能轻易“走下神坛”啊！很难想象，这居然成了我日后不断努力学习、做各种数学题目的动力。孩子的内心其实不仅在乎父母的认可，更在乎同学的认同；孩子心里更在乎的其实不是大家都做同样的事情时自己是第一，而是更在乎自己做的事情与大家不一样，却得到了同样的结果，而且过程还有趣、好玩儿。

多变换一些方法来讲解，这方面我妈妈做得比一些老师要好！我的记忆力水平是否提高了，我自己并不清楚，而用手指头摆弄乘法这件事让我开了窍：**大家都追随的法子不一定就是唯一的真理，如果那个法子不适合我（比如我的记忆力很差），那么肯定有一个更适合我的法子。这对天下所有的孩子来说都是一样。**

我当数学老师时要面对一个班中的四五十名学生，课堂上讲授的方法确实能够让一半以上的学生理解、掌握，但这并不意味着另外不到一半没有掌握的学生就笨、就愚蠢，而是老师讲解的方法太单一，讲授的过程与孩子大脑中现有的内容没有形成匹配的接口。总之，孩子没有掌握、没有理解的主要原因就在于，父母、老师是否尝试过用不同的方法来讲解知识。我的妈妈为了让我避开记忆力不足的弱点，用游戏的方式从手指开始展开了乘法的旅途，并让我变得与众不同、得到认可，这才是教育家所应该做的事情。

手指对大脑发育的重要作用。孩子从 3 个月大开始就会吮吸自己的手了：先是吮吸拳头（因为手指还无法全部伸开），等到四五个月大的时候，手指渐渐伸开，便开始吮吸大拇指，接着就是吮吸另外 4 个指头。吮吸大拇指的作用最大，其中直接刺激脑细胞发育的作用高达 50%；吮吸另外 4 个指头也很重要，可以刺激大脑周边运动神经的连接。等到再大一点儿，孩子就开始用嘴去吮吸手能够抓到的东西了。同样，四五岁开始学习加法的时候，使用手指也是直接刺激大脑接受数量变化的好方法。从数学的历史发展来看，十进制成为最常用的计算体系应该与人类有 10 个手指头有关。不过，在度量时间时，人们通常使用十二进制，如一天的一半用 12 个小时来标记、一年用 12 个月来标记等。

如果大家都习惯让孩子用手指来练习加法，为何乘法不能这么做呢？没错，这些都是学校老师不会教的，却是启发大脑最有效的。可能学校教育的根本目的早就不是启发思维，而是便于管理、便于控制了。学校教的东西有多少在日常生活中还有用有待核查，而学校没教的东西，有多少是我们日常的工作、生活所迫切需要的啊！比如手指对大脑发育的作用，在一岁之前、在四五岁时、在六至九岁时分别是怎样的，这些都没有被列入教学大纲，也没有几个老师了解，更别提掌握了。不过，每一位妈妈都能够做到在日常生活中带孩子玩好手指头，借此来启迪智慧、激发兴趣，获得与众不同的效果。

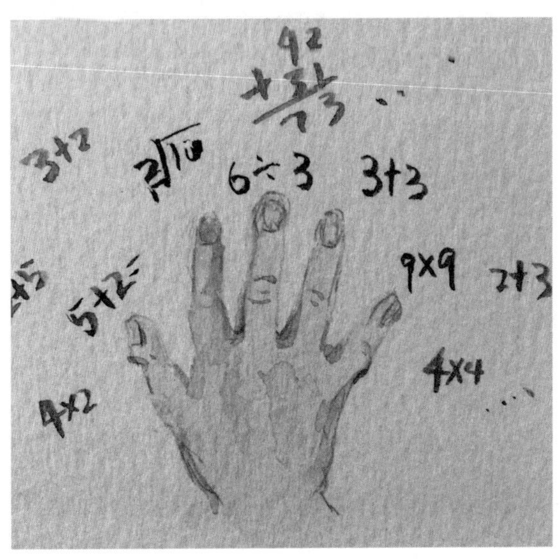

从儿童认知的次序入手来引导孩子学习。我当了数学老师后，给妈妈介绍我讲课的情况，包括我班里有 11 个奥数获奖的学生、我开始带一个小学奥数班的事情。我妈妈感慨地说："看看你小的时候，怎么能想到你会成为一名数学老师呢？你 4 岁的时候还不会数数呢，比其他的孩子晚多了！快 5 岁的时候，你终于能数数了，可别的孩子都已经能数到 300 了，你还在 20、30 上弄不清呢。不过也还是有一些征兆的，比如你会跳数，这可能与你用手指头数数有关。"听妈妈说了这些我上小学之前的成长细节，我才慢慢发觉，妈妈用手指教我乘法还是合情合理的，毕竟数数慢，就只能依靠工具。四五岁的时候，妈妈让我伸出左手，用右手来数左手的手指头，我就是这样开始数数的。但妈妈的方法比较特别，数到 5 以后，她没有让我接着数右手的指头，而是让我原路返回（见图 2-3）。

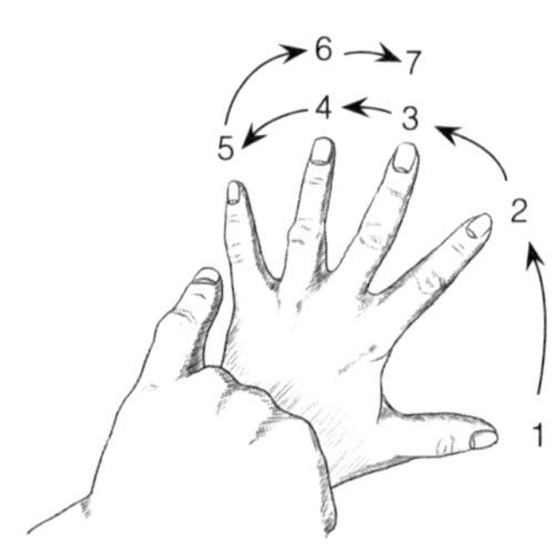

图 2-3

当我数到 23、24 左右开始出错的时候，我妈妈问的问题是：转了几圈了？然后问我能不能在 10 圈以内别出错。等我真的数到了 10 圈，她又问我数到100是转了多少圈。对于一个在中学执教的数学老师来说，这些都是无关紧要的问题，都是教科书中从来不会出现的问题，因为它们都太简单了（见图2-4）。

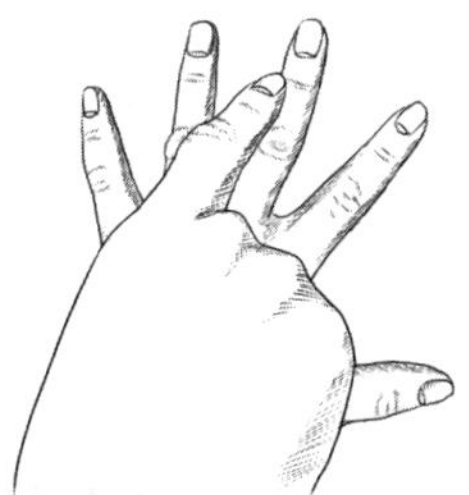

图 2-4

如果仅仅从数学这个角度来讲，是的，这些问题的确很简单，但如果从儿童心理学的角度来讲，这些问题不仅次序巧妙，而且精确地切中了要害，调动兴趣的作用异常显著。这不是从知识出发来考虑孩子应该学什么，而是从孩子认识事物的现状出发来推动其求知的进步，激发其探索的兴趣。具体掌握多少知识可能并不重要，重要的是激发了多少兴趣。如果单纯大量地灌输知识，反而失去了求学、求知、读书的乐趣，那才是得不偿失的。妈妈的做法让我陶醉在过程的趣味性、参与性、互动性和探索性中，可能没有掌握多少知识，却培养了我追求知识的渴望。可以说，这种渴望驱动着我的一生。

一个孩子的执着程度取决于兴趣被调动起来的程度。当我开始回顾这些往事的时候，发现难免会遗漏一些细节，小时候的日记又没有记得那么全面，因为谁能想到，40 年后，这些日记的内容还能够对许多父母有所启发呢？于是只能指望妈妈还能记得当时一些更加详细的内容，比如乘以 9 的方法用手指头解决了，那么乘以 8 的方法是什么呢？还有乘以 7 可以吗？当时又是怎么解决的呢？我当然还是要询问当时的当事人——我的妈妈。

妈妈：乘以 8 的方法是你自己想出来的啊！我就知道乘以 9 的法子，你追着问我乘以 8、乘以 7 能不能也用手指的方法算出来。我说是，乘以 9 是最难的，最难的妈妈做出来了，乘以 8 该由你自己去解决了。

我：那么然后呢？我自己就做出来了？

妈妈：你看你自己都不记得了，你好像研究了一个星期，连吃饭都在掰你的手指头，嘴里还念念有词的，我估计你是在弄那个乘法呢。

我：那后来我是怎么做出来的呢？

妈妈：你没有跟我说啊，还是那次你被留校叫家长，我去了才知道你把乘法表全部用手指头做出来了。

在北京师范大学学习了儿童心理学后我才知道，评价一个人对一件事情是否执着，通常要看他做这件事情的持久性。**坚持做同样事情的时间越长，这个人的注意力、执着程度就越好，一生中也更容易取得超过常人的成就。**妈妈说，从掰手指这件事情上可以看出来，我的执着度和注意力都比较强。虽然老师经常对她说我纪律散漫、注意力不集中，但她看到我连续几天都在琢磨一件事，便不太在意老师的评价了。

老师可能看到的只是孩子注意力不集中的现象，却并没有思考其中的原因，也没有思考孩子到底是做什么方面的事情注意力不集中，是做所有的事情都注意力不集中，还是只在你让他做的事情上注意力不集中？回顾我个人成长过程中妈妈与我的所有互动、游戏、交流，我认识到我能有那么强烈的执着程度和不达目的不罢休的意志力，不过就是投入一件好玩的事情后进入了忘我境界，是兴趣在驱动着人的追求，是强烈的兴趣驱动着注意力长时间地集中。

作为父母，不要轻易地说自己的孩子注意力不集中。有些老师这样说是因为老师希望所有的孩子都能够一致，这样他们就省事了——老师才没有动力去发现孩子注意力不集中究竟是因为都掌握了，都知道了，还是因为没什么新鲜感呢，老师怎么能承认自己图省事的动机呢？家长就不一样了，你让孩子做的事情，孩子可能注意力不集中，但换一个视角，孩子自己做的事情是否有忽视外界存在的时候，是否有专注于一件对他来说有趣的事情而不吃不喝的时候？这才是评价执着程度的正确方法。兴趣能够驱动执着，能够催生意志力，能够成就一生的事业。

现在许多孩子从 3 岁起就具备数数的能力了，无论是自发的还是大人教会的。当孩子能够正确数到 100 的时候，作为启发智力的方法，妈妈可以参考如下建议。

妈妈教的数学

◎ 向孩子示范倒着数数。比如你可以说：“来，跟着妈妈数啊，99、98、97 ……”观察孩子是否能够跟上，如果跟得上，自己的声音就可以逐渐变小，最终只听孩子倒数；如果孩子连续数 20 个数都没有出错，就应该鼓励他倒数到 1。

◎ 以上如果做到了，就可以鼓励孩子跳数。比如你可以先示范：“2、4、6、8……”看孩子是否能够自己跟上。

◎ 做所有这些事情的时候，没有必要讲“这是偶数数列、这是奇数数列”这些大人的术语，只要孩子能够正确数下去，可以等将来他有接受术语能力的时候再说，那时效果才好。可以这样跟孩子说：“1、3、5、7……看看你能够数到多少。”

◎ 以上都非常熟练后，就可以给孩子示范难度更高的跳数：3、6、9、12、15……还可以尝试 1、5、9、13、17……

◎ 这些都做到了，就可以鼓励孩子数自己一只手的手指头了。一个指头一个指头地数下去，问孩子前面我妈妈问过我的那些问题，也可以问他数到 27 落在哪个手指头上，并让他自己解释。然后可以问大一点的数，比如数到 87 落在哪个手指头上、数到 129 落在哪个手指头上。

这些事情我妈妈都与我做过，至今回想起来不免心生惭愧。我没有取得过令世人瞩目的成就，没有上过世界名牌大学，没有官位，没有 CEO 的头衔，但是我的生活是幸福的，我能够给周围的人带来价值。我不奢求改变世界，我想的只是能够回报父母，不给自己的亲人添麻烦，自食其力，给我自己的儿子做好榜样，这难道还不够吗？

一个孩子最扎实可靠的资本不是什么名牌大学毕业，或者是什么冠军的称号，而是独立思考的能力。只有学习能力、思维能力才是真正属于自己的东西，而不是外在的虚荣；只有自己有实力，才能具备周遭可以取用的价值。

希望妈妈们在阅读了这一回合后，都能带着孩子去数数，教孩子数手指头，启发他们的兴趣。在妈妈的辅导下，孩子可以进一步主动追求自己的兴趣，从而成为一个自信、快乐的人。

数学诞生在手指上，指尖上当然有美妙的数学。

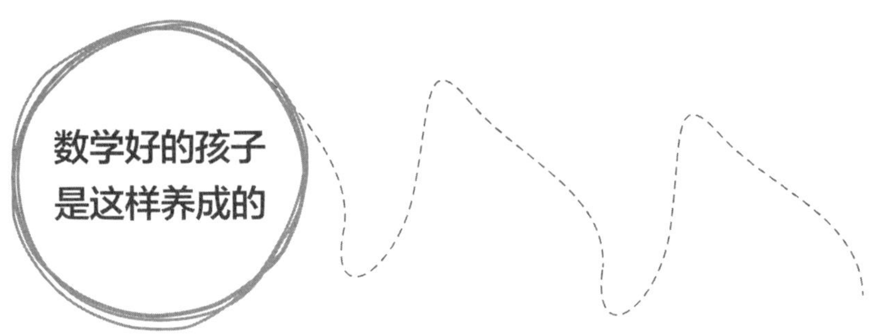

重要的不是技能，而是不断探索的热情

你有没有过这样的时候：一接到学校老师的电话，还不知道发生了什么事情，就已经开始紧张、烦恼了。更糟糕的是，听老师一说，还真就是自己预测到的，要不就是孩子没有完成作业，要不就是背不下来语文课文、乘法口诀等。可是背诵乘法口诀就那么重要吗？现在的科技这么发达，你对着手机说一句“7 乘 8 等于几”，手机都可以直接给你答案。学校的教学要求真的是把孩子当作智能机器，将来要与电脑甚至手机竞争吗？

学习乘法的意义在于理解数量的变化方式。乘法的本质是一种快速的加法运算方式，遇到很多相同的数字需要相加的时候，就把加法升级为乘法了。而背诵口诀的目的是形成一种快速的本能模式，想都不用想，答案脱口而出。**这种形式，对教师来说是技能教学模式，对儿童来说就是技能学习模式。这是儿童的第一种学习方式。**这种学习方式通常用于乒乓球、篮球等身体行为相关的活动训练，通过对局部肢体成千上万次的重复训练来形成肌肉记忆，从而实现见到球过来，不用经过大脑思考，单靠身体的本能就能做出反应的结果。将这种对肢体训练有效的方式用到对大脑的训练上，是人类初期学习的一种原始方式，在我们对大脑的发育缺乏科学认知时曾普遍运用，但在有关儿童大脑发育的科学规律已被大量发现的当下，业界已有共识，这不仅是错误的教育方式，甚至是毁灭性的操作，对儿童大脑思维的灵活性具有巨大的伤害。

第二种儿童学习以及教师教育的方式是概念模式。培育儿童的大脑具备数学思维，不能依靠技能模式进行，而是要靠概念模式。通过操作活动，让儿童自己形成对加法和乘法的认识，这种方式对大脑的激发和思维的培育来说，要比技能模式高效不知道多少倍。不过有一点，概念模式用在语文教育中的效果更好。在相同的时间内，孩子运用概念模式学习语文要比学习数学的效果好三倍以上。儿童的大脑通过阅读和理解对概念形成的认知，要超过通过操作活动对数学概念形成的认知。关于这方面，可以参考《爸爸教的数学》一书中运用语言培育儿童概念认知能力的实践。

第三种儿童学习以及教师教育的方式是探索模式。探索模式是最适合数学、科学以及工程领域的学习的。比如，孩子在探索自己手指的过程中，形成了自己的认识，他们逐渐认识到数字之间的关系，以及数字变化的方式、规律、规则，并能够运用自如。而探索模式最好的落实场景不是在教室的课堂上，而是在家中。因为在探索模式下，孩子需要的不是老师，而是陪伴者和同伴，他们需要的不是一个什么都知道、什么都明白的大人，而是一个具备同样好奇心，像他们一样愿意试一试、看看会有什么结果的人。如果妈妈能够充分扮演好这个角色，让孩子形成探索模式的学习习惯，将会对他们在 12 岁左右形成的学习能力有极大的帮助，甚至对大脑基础功能的形成有决定性的影响。丝毫不过分地说，如果孩子养成了探索模式的学习习惯，那么无论他学什么，都不会有问题，而且可以远远超过同龄人。

数手指就是探索模式的学习过程，探索的对象是自己的手，以及手上的手指。看起来这么简单的一个活动，却有那么多潜在的内容可以探索，并且在探索的过程中，孩子就能在不知不觉间知道了这个，知道了那个，发现原来这其中的奥秘是这样的，原来还能得出这个结果……

儿童还有第四种学习模式，就是拆解障碍模式。对应到教师，用教育行业内的术语来说，就是问题解决模式。对孩子来说，他们面对的不是问题，而是各种障碍，也就是在实现自己心中想法时遇到的不如意的情况。比如想要一个玩具，妈妈不给买；想吃冰激凌，妈妈拒绝。那应该怎么办呢？这些心中的愿望在尝试实现的时候遇到了障碍，想要解决这些障碍就需要采取行动，孩子有时会通过哭闹或撒娇的方式，有时会通过寻求爷爷奶奶帮助的方式，这些都是孩子自己在面对实现愿望过程中的障碍时表现出来的行为。

孩子的这些行为并不具备理性意识，而是偶然发现的，或许是某一次想要一个玩具，妈妈不给买，结果看到爷爷说了一句话，妈妈就同意了，于是就学会了下一次直接找爷爷要的反应模式。对孩子来说，这是一种非常自然的学习方式。如果父母将孩子的障碍目标转移到数手指学习乘法上，孩子便可以在尝试实现目标的过程中，顺便学会乘法。比如可以给孩子设定：解决了 7 乘以 8 落在哪个手指上的问题，就可以得到一颗五角星，如果一个星期累计得到 10 颗五角星，就可以换一个玩具。于是“想要玩具”这个愿望的障碍就换成了“解决问题获得五角星”，而这个障碍对孩子来说是可以尝试拆解的。如果家庭中能够有各种拆解障碍的活动，孩子的智力便能在这些活动中积极主动地发展了。

这就好比，孩子想听一个有意思的故事，需要输入一个密码才能打开，那么解开密码就是他要着手拆解的一个障碍。孩子会乐此不疲地投入其中，不知不觉便学到了很多方法，这些方法都是以后能够用得上的，而且这样学到的方法会在大脑中留下深刻的印象。

对儿童的培育，绝对不是知识的生搬硬套，不要用机械的方式把知识灌输到儿童的大脑中，而要用创造性的探索模式、拆解障碍模式，在家庭场景下，让孩子参与其中主动去学、去参与，在这个过程中，孩子脑力全开，接触到的知识会全部吸收，在大脑皮层上留下痕迹，对日后任何领域的学习发挥深远的作用。

目前，大部分学校还保留着传统技能模式的教育方式，很多父母自己也是在技能模式的教育方式下成长起来的，因此在不知不觉间形成的本能惯性就是用体能训练的方式来塑造孩子的大脑。这些父母并不知道，这样做的危害不仅在于大脑发育上，更会影响孩子一生的思考能力和思维习惯。而概念模式也不适合运用在数学学习上，而是应该集中运用在语文的学习上，提升孩子对概念的认知能力。这个能力的提升会反过来作用到数学思维上，孩子会更容易理解数学概念。

在家庭中，应该突出与学校不同的教育方式来促使儿童完整的大脑功能得到全面的发育、发展。如同这一回合里讲到的，我的妈妈与我进行的数手指活动，便是在无意中恰好采用了探索模式的开放学习方式，过程中没有标准答案，没有标准步骤，没有规则性的约束，却培育了我头脑的灵活性。同样，拆解障碍模式也是要融合在家庭互动活动中的。关键还是在于落实活动，探索就在活动中，障碍也在活动中，拆解障碍的本领会在孩子的大脑中生根发芽。这才是智慧的妈妈培育聪慧儿童的正确方式。

这一回合开篇的段落是从探讨记忆力开始的。那么，在指尖上跳跃着数数的过程，与记忆力又有什么关系呢？

每位读者都可以自己尝试一下，你能够回忆起来的事情，最早能够到什么时候？能够到 6 岁前吗？能够到 3 岁前吗？根据现代脑神经研究的结论，人类系统记忆的能力大约从 9 岁开始，21 岁左右达到顶峰。而 9 岁开始具备的系统记忆能力则一定程度上取决于两岁时大脑髓鞘的发育程度。手指连接着大脑神经元，通过小脑处理信号，反馈到大脑，大脑加工后再一次发出指令，手指依据指令做出相应的动作。这样不断地往返，孩子在享受玩的过程中，脑神经活跃，激发了髓鞘的扩张和伸展。这其实玩的不是手指，而是通过手指激发了大脑的发育。

为什么社会上流传着
“上小学还用手指数数不好”的说法呢？
如下 4 个都是可能的原因，哪个更加普遍？
（按普遍程度从高到低排序）

A. 很多来自传统的说法，都属于人云亦云

B. 用手指数数就没有锻炼记忆力的机会了

C. 其实没有想过这些说法的依据，感觉好像是对的

D. 学校老师说过，要努力背下来，不能用手指

（参考答案见全书末尾）

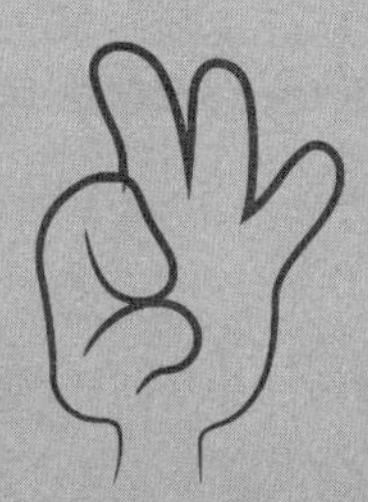

粗心到底是什么

◎儿童心理学让我了解到，孩子的本性越淳朴，就越不喜欢重复性的动作。如果妈妈换一个方法让孩子去做，那么主动性和被动性将会发生变化。

◎父母不要在孩子面前扮演无所不知的全能者，否则时间长了，当孩子养成凡事都问大人的习惯却遭到粗暴回绝时，他们探索世界的原生动力就在不经意间被消灭了。

1974 年 4 月 22 日　　星期一　　小雨

今天算术考试，我带的草稿纸不够，举手老师就给我了。可惜只给了一张，还是不够，题目太多了。我是第一个做完交卷的，老师说萝卜快了不洗泥，让我再检查一遍，我没有检查，交了就走了。

1974 年 4 月 25 日　　星期四　　晴

今天程老师特别表扬了我，以前我粗心大意，总是出小错误，这次算术考试全对，35 道题都做对了。其实，我当时交卷的时候就知道自己肯定全对。老师让我给大家讲两位数乘法不出错的心得，我想了半天，什么都没有讲出来。

当看到自己这两天的日记时，我还是产生了不少疑问。按照如今自己已为人师表的眼光来看，有什么讲不出来的东西吗？为什么我没有讲呢？

1974 年，我当时上小学四年级，开始学习两位数乘法了。先是两位数乘以一位数，比如 12 乘以 9，老师教的方法是这样的（见图 3-1）。

$$\begin{array}{r} 12 \\ \times\quad 9 \\ \hline 108 \end{array}$$

图 3–1

像这道题，我就经常做成 98。不过也不是每次都错，做完作业妈妈肯定要检查一下，10 道这样的题中，我总会错上两三道。妈妈一说，我就知道又是忘记进位了。忘记进位有两种可能，一种是没有标记进位，另一种可能就是口算乘法后忘记做加法了，直接就写了 9。改正前一种错误需要严格按标准的流程做，2 乘以 9 以后，立刻要点上一个点儿。改正后一种错误就需要训练记忆力了。妈妈知道我从小记忆力不好，于是从上一年级起就要求我写日记，可惜一直都是断断续续的。晚上睡觉前妈妈提醒了，这一天我就记了；不提醒，就忘记了。现在，这个记忆力的问题开始影响我的学业了，妈妈又想了一个办法，让我在做乘法的时候，运用下面的方式（见图 3–2）。

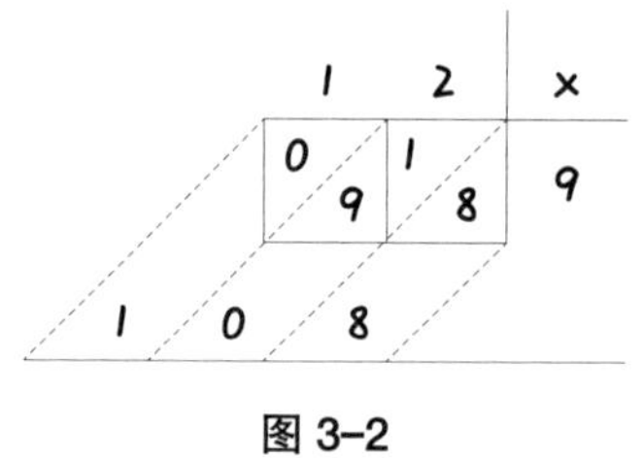

图 3-2

不记得经过了多久，我很快就开始做两位数与两位数的乘法了，比如 37 乘以 69，按照妈妈教的方法，我一次就做对了（见图 3-3）。

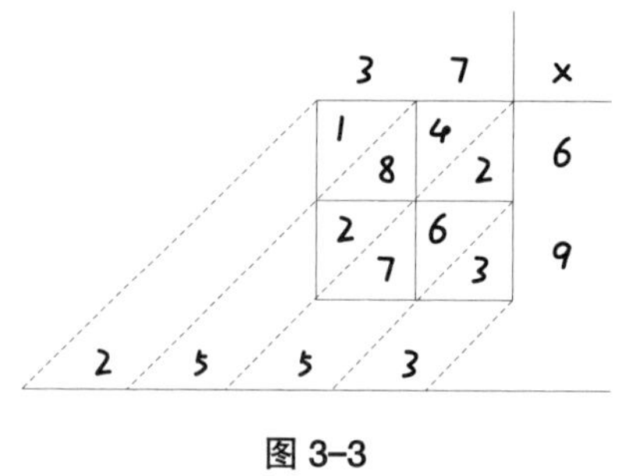

图 3-3

这个做法的过程中没有涉及加法与乘法的混合计算，而是先把所有的乘法都算完，然后再一起算加法。这样不用在下次算乘法的时候还要记住加上上一次的进位，对记忆力的要求并不高。另外，这个算法不用理解学校老师要求孩子强记的第二行错位（见图 3-4）。妈妈教给我倾斜方向的格子乘法时，我根本就没有追问原因，而是当作神奇秘法之类的东西接受了。

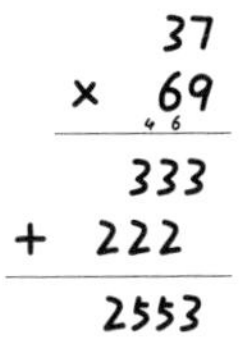

```
    37
×   69
   333
+ 222
  2553
```

图 3–4

后来我进入北京师范大学，学习了儿童心理学之后才知道：孩子对于形式上明显的标志或者能够依赖的线条更容易接受；而对于按照某种格式来排列事物的形式，接受程度就较低，除非将格子写在白纸上。比如，孩子天性喜欢画画，但给他们不同尺寸的纸张，孩子开始动笔的时间就会不同——拿到小一点儿纸张的孩子动笔要快一些。再比如，让孩子在一张白纸上写字，如果画好格子，要求孩子写在格子里，就容易一些。所以，妈妈教给我的格子乘法有很多好处，当然也有不足，那就是需要不少草稿纸，如果格子能够画得小一点儿，也可以节省一些。但比起总是把题目做错，多用几张草稿纸就微不足道了。

后来，我开始学习两位数和三位数的乘法，再到多位数的乘法，用的一直都是妈妈教给我的格子乘法（见图 3–5）。小的时候没有意识到自己的做法与其他孩子的不同，而且我作为一个非常调皮的孩子，自然也不会得到老师太多的关注。我小学前三年都很淘气，在算术学习上也一直给班级拖后腿，不是粗心大意就是马马虎虎，要不就是丢三落四。这些词我学得最早，因为老师对我说得最多。我妈妈没有说过这些，而总是想出方法来帮我扬长避短。直到我长大，自己当了数学老师。

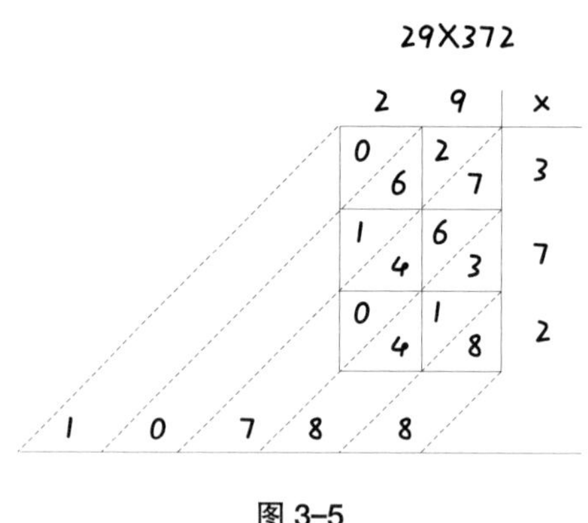

图 3–5

当年妈妈教给我的方法在教科书中并没有记载，后来我查阅了许多英文的数学历史书籍，才找到这种算法的出处。这样一种来自 1 000 多年前古印度的乘法计算方式，妈妈是怎么知道的呢？面对这个问题，妈妈回答得更加简单："你外婆教的。""那么，外婆是干什么的？""她是护士。""那么她怎么知道的呢？""我没有问过她。"……这样的追问恐怕只能停止在已经去世了的外婆那里。

留下的更多疑问得不到妈妈的解释，也就只能靠我自己去探索了。小的时候，我能够探索的不过就是把所有作业都做完，然后自己再去乘更多的数字。而自己当了数学老师以后，就有能力探索更加广阔的世界，于是便在英文数学图书中找到了更多的线索。看看图 3–6，你是不是觉得很熟悉？这是中国小学数学书中的九九乘法表。再看看图 3–7，你肯定能够看懂，却不一定熟悉，不像看到一种从小就熟悉的事物或者图像那样有亲切感。这是英国小学教科书中的九九乘法表。

一一得一								
一二得二	二二得四							
一三得三	二三得六	三三得九						
一四得四	二四得八	三四十二	四四十六					
一五得五	二五一十	三五十五	四五二十	五五二十五				
一六得六	二六十二	三六十八	四六二十四	五六三十	六六三十六			
一七得七	二七十四	三七二十一	四七二十八	五七三十五	六七四十二	七七四十九		
一八得八	二八十六	三八二十四	四八三十二	五八四十	六八四十八	七八五十六	八八六十四	
一九得九	二九十八	三九二十七	四九三十六	五九四十五	六九五十四	七九六十三	八九七十二	九九八十一

图 3-6

X	1	2	3	4	5	6	7	8	9	10	11	12
1	1	2	3	4	5	6	7	8	9	10	11	12
2	2	4	6	8	10	12	14	16	18	20	22	24
3	3	6	9	12	15	18	21	24	27	30	33	36
4	4	8	12	16	20	24	28	32	36	40	44	48
5	5	10	15	20	25	30	35	40	45	50	55	60
6	6	12	18	24	30	36	42	48	54	60	66	72
7	7	14	21	28	35	42	49	56	63	70	77	84
8	8	16	24	32	40	48	56	64	72	80	88	96
9	9	18	27	36	45	54	63	72	81	90	99	108
10	10	20	30	40	50	60	70	80	90	100	110	120
11	11	22	33	44	55	66	77	88	99	110	121	132
12	12	24	36	48	60	72	84	96	108	120	132	144

图 3-7

图 3-6 的表格有如下三个特点。

1. 运算与结果在一起。

2. 格子与格子的关系是彼此孤立的。

3. 乘法的方向是单向的。

图 3-7 则恰好相反，比如运算与结果不在一起；格子与格子是彼此有关系的，这些关系能够影响最终的计算结果；乘法的方向可以前后互换。在图 3-6 中，你可以找到“三六一十八”，却找不到“六三一十八”。但在图 3-7 的表格中，你既可以找到 3 乘以 6，也可以找到 6 乘以 3。

学习这两种表格的孩子，其思维也将形成明显的分化：按照图 3-6 的方式学习，结果就是机械、教条；而按照图 3-7 的方式学习，结果就是灵活、多变。这两个表格都可以对孩子在 10 岁左右形成的思维造成影响，这些影响关乎孩子长大后的思维表现。

如果将图 3-7 这个大格子进一步拆分，就能得到一些小格子（见图 3-8）。如果你手里有许多这样的格子，比如 4 乘以 3、5 乘以 7，就可以组成如图 3-9 所示的 4 个格子。这样列出全部的乘法格子，做两位数之间的乘法就可以变成一个动手参与的游戏了。只要挑出正确的格子，按要求拼出次序，再做一次加法就可以解决问题了。

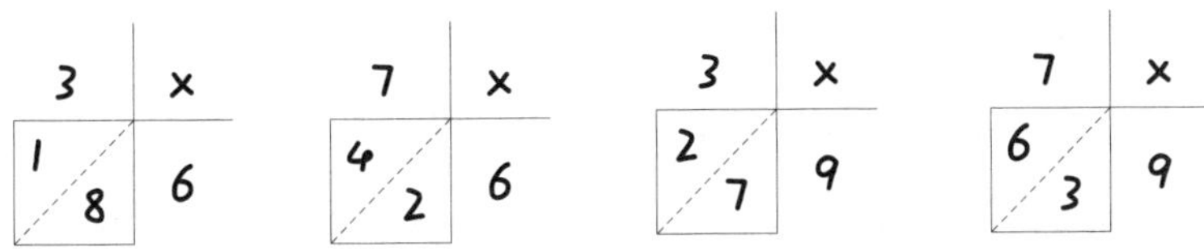

图 3-8

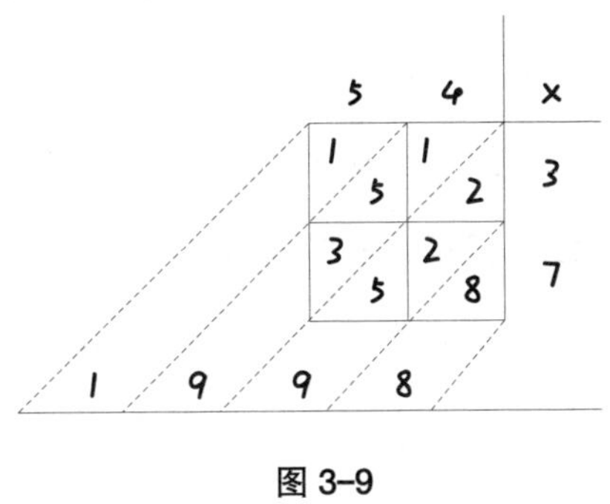

图 3-9

从孩子学习新知识、新事物的过程来看，只要有机会参与、动手、体验，孩子在这些行为过程中就能够渐渐吸收许多东西。虽然不同的孩子吸收的东西可能不同，但可以确定的是，任何孩子都会有所吸收，比老师在前面讲、孩子在底下听的授课方式要有效得多。

能够调动孩子求知的兴趣，这才是妈妈最大的成功。成功并不是教会了孩子多少知识，而是把孩子追求知识的原始动机培养出来，也可以说是让它发育出来。这时，妈妈就可以退到幕后了，那个激发出来的兴趣会推动孩子自己向前走。

面对妈妈给我的与课本上完全不同的乘法表格，刚开始我还看不太明白，但当妈妈讲解了对应的第一行与第一列之间的关系后，我就全懂了，而且看的时间越长，就越能够发现其中许多有趣的窍门儿。比如，按照这个表格的对角线去看，看到的数字就是1、4、9、16、25、36、49、64、81，于是我就知道原来两个相同的数字相乘后就得到这几个数。看的次数多了，也就熟悉了，熟悉了也就似乎可以不用看表格就能说出来了。当这条对角线上的数字没有什么新鲜感和挑战时，自然就会关注到这条对角线旁边的数字。新的发现继续产生，比如，这条对角线上的数字都比其左下角和右上角的数字多1。看看36的左下角和右上角是不是都是35，而49的两个斜角上的数字一定是48呢？这些都是我当年就看出来的。

要相信，孩子不需要你向他指出这些，因为如果是父母指出的，孩子就不会觉得新奇，也不会觉得他自己有什么新发现，反而觉得“你是家长你当然知道”。你能够做的就是吸引孩子看这个表格的时间长一点儿，如果孩子对数字渐渐有了一些喜爱，能够专注地看这个表格超过10分钟，那他一定能够发现这个斜角数少1的窍门儿。接着，可能就会发现更有意思的事情，那就是比49少1的数字48，这个数是6乘以8得出的，恰好是7乘以7前面少1、后面多1的两个数字相乘得出的。因此我自己推测出：17乘以19的结果一定比18乘以18的结果少1。通过计算我发现，还真是如此啊——前面的是323，后面的是324。

当然，这个表格肯定还有更多的规律隐藏其中，比如对角线两侧的数字是对称的，每行从左到右都是依次加上一个固定的数，而这个数就是这一行最左边的那个数。每列的数也是一样，从上到下都是叠加的，加上的数字就是这一列最上面的那个数。这些都应该是孩子自己的发现，都是书本上没有写出来的——至少没有写出来发现的过程。而孩子体会到的发现过程，可以说就是思维扩展的旅途。孩子在旅途中所看到的新奇、新鲜的事情，都会当作自己的收获，这种收获会激发出更浓厚的兴趣，积累更扎实的数字习惯和数字意识。这才是激发孩子兴趣的正确途径。

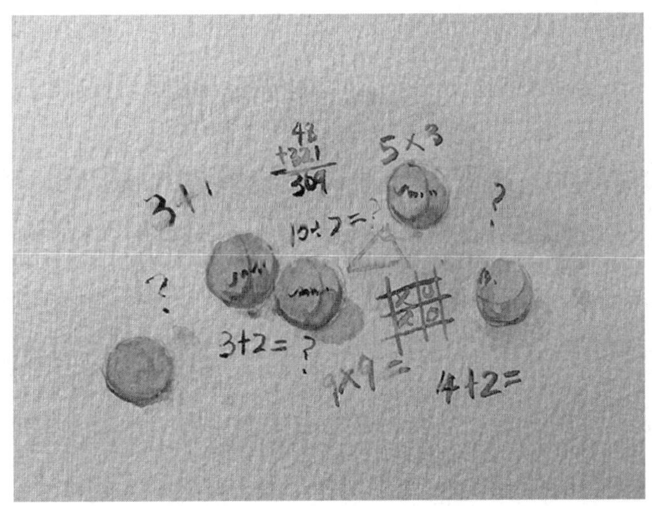

大人们，无论是父母还是老师，都喜欢在孩子面前扮演无所不知的全能者。时间长了，孩子就真的觉得大人们都是无所不知的，就会养成凡事都问大人的习惯，最终把大人问烦了就会遭到粗暴的回绝：“你怎

么这么多问题啊！妈妈忙着呢，等会儿再说。”要知道，多少好奇心就这样被随意地埋葬了，多少求知欲望就这样被轻易地扼杀了，多少探索世界的原生动力就这样被不经意地消灭了。展示给孩子一些耐看、耐想的东西，剩下的就靠激发出来的兴趣驱动他们自己去发现吧！

从孩子能够意识到的挫折入手，是妈妈激发孩子兴趣的好时机。孩子并不想做错题目，他当然也想一次就都做对，而且孩子可能不认为自己做过的题目再检查一遍有什么意义。那这时妈妈应该怎么做呢？回想一下你作为妈妈是怎么做的。是讲大道理，耐心劝说，还是直接下命令，说都是为你好、以后你会懂的？或者还是用诱惑的方式说你就检查一遍吧，检查完了给你糖吃？这些都不对，你真心希望孩子自己检查一遍吗？

请身体力行，让孩子看到你平时也是这么做的。要不就亲自替他检查，检查到错误后，不要立刻表现出不高兴的样子，说："瞧，你这不是有错吗？"或者满是埋怨的口气说："怎么上次讲过的还错呢？"孩子毕竟是孩子，出错是正常的，这也是大人激发孩子兴趣的机会。此时，你要帮助孩子换一个方法来重做一遍原题，比如我做错了 12 乘以 9，我妈妈就用一张白纸重新写了一遍，并教给了我另外一个法子。这样在我的心理上，就不是被指出错误，而是让我好奇，原来还可以这样计算，用的不是学校老师教的那个法子。后来我发现两个方法得出的结果不同，就开始核对，并重新做了一次，这次重新做是自愿的，是出于核对两个不同结果的兴趣，而不是被迫地、被妈妈吆喝着去机械性地重复一遍相同的劳动。

儿童心理学让我了解到，孩子的本性越淳朴，就越不喜欢重复性的动作。重复能够让动作变得更加娴熟，但对急于认识新世界、新鲜事物的孩子来说就不太适用了。你让孩子自己检查作业，不就是让他做一次重复性的工作吗？如果你换一个方法让孩子去做，那么主动性与被动性就发生变化了。一个是因为你的要求而不得不重复，重复的时候孩子并不会表达自己内心的痛苦、抗拒、纠结，估计大人也看不出来；另外一个是主动的，不是重复，而是换成了另外一个法子来应对，这时孩子的动力来自自己，并在发现两者有不同的时候，不用等大人说什么，自己就会进一步地主动去找原因。

目前教育界常说的启发式教育不过就是如此。可惜，教育界内讨论的所谓启发式教育，都没有真正从孩子认知的次序和能力上切入，还是成年人想当然地觉得孩子应该会这个，应该有积极主动的行为来重复检查。只要妈妈留心自己的孩子，当发现他出现错误、失误、挫折的时候，可以在他面前换一种方法重新做一次，这比仅仅口头教育、命令他重新做一次要更加深刻、更有刺激性。总之，要通过孩子的挫折和失误寻找激发其兴趣的机会。

作为一名教育工作者，我自己都不知道如何去推动一些教育内容和教育方法上的变革。比如，我多么希望小学课本能给孩子提供两种计算乘法的方式，而不仅仅是一种竖式的方法；至少给孩子提供机会选择他们自己偏爱的方式来计算乘法；至少在教科书中提供图 3-7 所示的乘法表，而不是图 3-6 所示的乘法表，或者至少能够提供两个乘法表。这么做的目的并不是卖弄大人们有多少新颖的法子，而是给孩子们更多的选择，让他们能够建立不同的习惯模式，而不是千篇一律，都是一个套路、一个模子雕刻出来的一样的思维。

我自己就是一个与许多同学不同的人，遇到事情总是有不同的想法、不同的视角，而这些想法与视角总是能够得到老师、同学、同事的欣赏，并好奇我为何总是能用不同的方式来思考问题。追本溯源，唯一合理的解释应该就是妈妈不断给我示范全新的做法、不同的应对思路。那么多不同的方法，让我比同学更准确、更快速，这都使我坚信自己的方法没有什么错误。与众不同的道路也能够实现快乐的人生，这个过程本身不就是价值吗？

格子里有无尽的数学，有美妙的启迪，有太多太多新的发现等待孩子去探究。格子里的数学会给读者——你，这位妈妈带来什么启发呢？

妈妈教的数学

◎ 你完全可以把格子画出来，展示给孩子看。测一测他是否有兴趣在格子里写上数字，你可以先写几个，然后问他另外几个分别该写几。

◎ 如果孩子在掌握了一些加法后，自己提出一个新的问题给你，你应该感到高兴，至少他在尝试模仿你给他出题目的做法。

◎ 陪伴孩子去发现那些在表格中隐藏着的规律吧！

关于第二点，比如在掌握了简单的一位数加法后，有的孩子就会不断提问新的数相加的结果，如 7 加 9、10 加 15，甚至有可能问你 100 加 40 是多少。从儿童心理学的角度来看，这种表现是形成模式的阶段，作为父母，你可以给孩子正确的答案，但要把自己计算的过程讲出来，讲的细节步骤越详细越好。讲过几次后，当孩子继续问时，就可以摸到一些线索了。

观察孩子对你前面讲的内容是否理解或可以模仿。孩子每次提出的问题不同，代表他在寻找不同点之间的规律。你可以这样说：“100 加 40，100 呢，就是 10 个 10；40 呢，就是 4 个 10；那么 10 个 10 加上 4 个 10，就是 14 个 10；14 个 10，其实就是 140。”讲完后，一定要给孩子再出一道题，比如 100 加 30 是多少，让孩子发现你话中的规律。如果孩子问 99 加 66 是多少，你可以说：“99 加 1 等于 100，100

再加 66 的话，就是 166 了。开始的时候没有那个 1，是我故意加上的，所以要扣除出来（不要用‘减掉’‘减法’这些术语，否则问题就会转移到新术语的意思上了）。这样的话，166 扣除一个 1 应该是几呢？”

你能做一位什么样的妈妈是你自己的选择。缺乏足够的信息、故事、案例，那不是你的错。但给了你足够的信息后，做不做，就完全是你自己的事了。

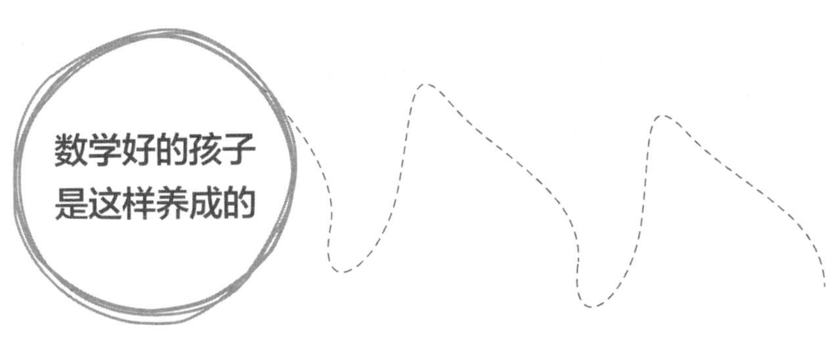

重要的不是纠错，而是预防再次犯错

这是我的一个学生给我的留言，这个学生才上小学三年级：

> 孙老师，你与我们的数学老师不一样，我们数学老师老是让我们改错题，每一次考试前，都提醒我们把之前的错题看一遍，我们还有一个错题本。

这个学生为何说我跟他的数学老师不一样呢？因为我从来不对学生提交的数学作业进行对错判断。我会把学生做过的题目都讲一遍，但在讲之前，会先让学生根据自己的理解尝试解决眼前的题目，然后再听我讲。我不对他们做的题目打钩或者打叉，而是让学生听课后自己去对比，通过听课来理解一道题目的思考过程，并尝试使用这个思考方式重新去解决之前的题目。这时，对孩子来说，一个题目没有做对还是做错的认识，不会陷入“我做对了”的侥幸心理或者得意的状态，也不必陷入做错了的挫折感中，而只是将注意力集中在调整自己的思考方式上。

这就是我在第 2 回合强调过的探索模式。**在这种学习方式之下，体现**

出的不是老师在教学生，而是学生尝试去学习老师的思考方式，然后改善或完善，进而形成他们自己的思考方式。这样一来，学生就不必在对错的结果中去感受数学所带来的冲击，而是在对比面对题目时可以有哪些不同的想法来找到更好的思考方式。

而与之相对的是，面对学生做对的题目，我会从中找到值得称赞的地方，刻意渲染他在做对的过程中所表现出的思维，并鼓励学生多次使用这样的思维，将其迁移到别的题目上。孩子一旦得到积极肯定的鼓励，就会敢于尝试，不怕犯错。这个做法应该是所有老师都采用的，也应该是父母在家庭中首选的。

“粗心”是父母和老师经常使用的一个词，但是用得极其错误。从本质上来讲，“粗心”是思维瑕疵所带来的结果，比如忽视了一个内容、遗漏了一个步骤，或者写错了一个数字、看错了一个运算符号等，这些错误主要是由心理上的急迫状态造成的。这种状态会导致大脑皮层神经元之间流过的生物电信号短暂、肤浅、跳跃，用一句日常俗语来说就是“萝卜快了不洗泥”。也就是说，“粗心”一类的错题是孩子在做题过程中的匆忙心态导致的，大人不去深究具体的、真正的原因，而是将其归结为心态上的问题，就总结为“粗心”了。

其实不只孩子如此，成年人也一样，只要在做一件事情的时候追求快一点儿完成，都容易出现疏忽、遗漏之类的瑕疵。如果这是一个常态情况，就应该以接受的态度去面对，展示出一种宽容的态度，而不是遇到一次就说一次，让孩子的神经处在一种紧张的状态中，原本可能并不会遗漏、出错的过程，由于紧张，结果遗漏了更多的细节。父母应该将“粗心”这个词从自己的日常用语中删除，并邀请孩子来监督，一旦听到就指出，并做一个记号。这样做的目的就是从自己开始，不再说对孩子的成长没有价值的话，改变自己，也就改变了孩子的视听环境，逐渐让孩子形成积极、乐观的心理状态。

指责孩子“粗心”是父母在面对孩子出现错误行为时各种反应中的一种。即使不说“粗心”，也会说“马虎”或者“疏忽大意”，更过分的父母索性说出“笨、傻”等带有侮辱性的字眼。父母的这些语言和行为表现，在孩子心里感受到的是责备、嫌弃、羞辱。尤其是这种感觉还来自亲人，来自自己的生命、生存所依赖的人，这便是孩子内心深处自卑种子形成的起点。一次又一次，这颗自卑的种子被平日里习以为常的埋怨、责怪的语言、表情和行为浇灌着长大，逐渐固化为一种不思进取、得过且过的消极心态，孩子会带着这样的心态走向社会，再带着这样的心态组建家庭，并本能地发泄在自己的孩子身上，从而变成一个顽固的性格基因世代相传，就像一个挥之不去的魔咒。对每一位父母来说，能做的就是从现在开始，在自己这一代截断这个魔咒，不再把消极的心理应激模式传给下一代。

对自己的错误敏感、反应过度、坚决不承认，这类行为在很多成年人当中都存在，这来自儿时日常生活中不知不觉积累下的负面体验，是一种心理应激障碍，是童年时期被大人错误的纠错方式铸造的。纠错的人可能是父母，也可能是老师，而被纠的错误则大部分来自学校布置的任务，尤其是作业。很少有父母在看到孩子的作业和试卷后，能够先讨论孩子做对的题目，而几乎都是先讨论错题，讨论老师打了红叉的地方。在小学和中学长达 12 年的学习生活中，被纠错、被挑错、因为错误被惩罚已经成了孩子的家常便饭，就是这类司空见惯的事情造成了孩子心理上的应激障碍。

这个心理疾病的症状就是抵抗、排斥、怨恨，进一步演变就会发展成隐瞒、撒谎、欺骗等品行方面的缺陷。

看看下面这样的描述，你就能从父母的反应中体会到他们对孩子的错误有多么计较、多么纠结了：

> 请教孙老师，我的女儿8岁，上小学二年级，对文字不敏感，不喜欢认字，认字量小，老师课上讲过的文字，课后留作业让写，多数也是不动脑地写，有时老师听写词语，看上去是记住了，等单独把这个字拿出来放在不同的地方时，又不知道念什么了，只有当她在很多地方看到过这个字，一段时间以后才能记住。而且多数字她都会提笔忘字，我提醒一下才能想起来，最近发现有些拼音她也拼不明白了，很担心接下来要求写作文的时候，可怎么办呀？我现在的做法是平时一起走路的时候，看见字就让她念出来，平时看到她不会写的字，在告诉她怎么写的同时会把这个字拆成两个字，或者编个小故事帮她加深记忆。孙老师，像我女儿这种情况，怎么去引导才好呢？您能不能给些小建议？谢谢！

一看到这样的留言我就难过，通篇都是孩子的瑕疵，可以想见这个孩子平时与妈妈相处得多难受啊！孩子长期在这样的心理环境下成长，性格容易扭曲，如果因此发展为心理疾病的话，那不就太得不偿失了吗？不如早点儿采取预防措施，改变孩子成长过程中的环境，营造积极、健康、阳光的氛围，孩子自然也就能成长为与环境一样积极、健康、阳光的朝气青年。

每个城市都应该有自己应对火灾的快速响应机制，这个机制中最关键的是预防火灾发生的方案。如果只能做到一旦发生火灾就迅速出动，那并不能长久地解决一个城市的火灾问题。而面对孩子学习过程中出现的错误，也应该参考同一原理：重要的是寻找错误的源头，而不是面对错误进行情绪上的渲染。要知道，孩子在长大成人后，如果身上有很多消极的印记，就难以全身心地去热爱一项事业，更难以精神饱满地追求自己的理想，因为浑身携带着创伤，背着满负荷的心理包袱，是难以有所成就的。

回顾我小时候的经历，父母几乎没有给我留下被严重纠错的心理阴影，这使得我在成年后也没有那种面对错误时的回避、排斥、抵赖等行为。遇到错误，无论是大是小，我都能够坦诚地认下来，或是口头道歉，或是书面认错。我印象深刻的几次与犯错相关的体验都是来自学校的老师，被要求写检讨书、认错文，并当着全班同学的面，站到讲台上去念。但是说来好笑，这反倒让我练成了 20 分钟写作一篇千字文的快速写作能力，行文也是越来越老到，老师们听了这样的检讨，不原谅都不行。

我很感谢我的妈妈在我出现错题时的应对方式，这种方式培育了我面对错误时的正确心态：**不以这次错误为焦点，而是以预防同样的错误再次出现为目的，将关注的焦点放在导致错误出现的原因和具体的环节上，而不是已经错了的结果上。**这样的心态让我随着年龄的增长，同样的错误犯得越来越少，而遇到新的错误时，反而很高兴，因为又找到了一个下一次可以避开的瑕疵。

每一位父母都是孩子的一片天，从你开始做起，让孩子的这片天空是蓝天白云、阳光灿烂的，那就先清除自己那些下意识的雾霾。培育积极的孩子，就从面对孩子的错题开始。不谈错题，而是多谈论做对的题目，把错题留给孩子自己去消化吧！

“丢三落四”“马马虎虎”“粗心大意”，这些词都是老师用来说我的，小时候，我甚至觉得这些词简直就是专门为我做数学题而发明的。长大后，我学会了一件事：普通人做任何事情，只要有10%的出错情况，就说明做事情的过程有问题，应该改善的是做事流程，而不是追究孩子出错这件事本身。大人还会出错呢！出错是学习的机会，而不是让孩子觉得“我又错了”“我老是错”，从而长大后，脑海中都是出错的记忆碎片，没有快乐的回忆。父母生一个孩子，难道就是为了通过指责孩子的错误来体现自己的责任心吗？

其实，孩子也不希望自己出错。
得知自己做错了，对他来说也是一种精神上的挫伤，类似“剐蹭”。“剐蹭”时间长了，次数多了，逐渐就变得无所谓了。如下4个都是对孩子心理的“剐蹭”，哪个是长期影响下伤害最持久的情况？

（按影响及伤害程度从高到低排序）

A. 失去对父母的爱

B. 失去对自己的信任

C. 不再喜欢这个学科

D. 不再愿意做题

（参考答案见全书末尾）

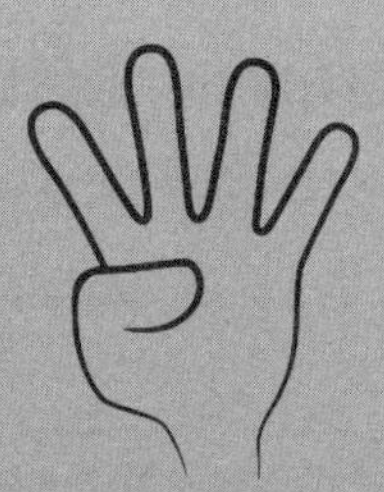

默想是智力发展的敌人

◎ 5 岁前养成的习惯往往可以本能地维持一生。尽早培养孩子说出自己的思考，可以是对自己讲，也可以是对家里人讲。

◎数学也是一样，玩儿一样地说出来，说多了就形成印象了，就融会贯通，成为自己熟悉的事情了，也就不再感到害怕了。

妈妈教的数学

1972 年 2 月 21 日　　星期一　　晴

今天开学了，二年级的第二学期。今天算术课教了两位数加法，还教了算术题。作业中有一道题不会做，晚上妈妈回来得晚，没有给我讲。“两个牧羊人在一起，一个说，给我 8 只羊，我们两个的羊只数就相等了。另外一个说，不用，如果你给我 8 只羊，我就比你多一倍了。”想不出来，就睡觉了。

1972 年 2 月 26 日　　星期六　　阴

今天星期六，放学早。妈妈在家，我帮她洗菜、qiā 豆角，把豆角 qiā 成一段一段的，我 qiā 好的放在我碗里，妈妈 qiā 好的放在她碗里。完成后，妈妈让我洗手，她把两个碗里的豆角小段都倒在了大盆里，洗了洗，又放到了两个碗里。然后妈妈让我数豆角数。我的碗里有 40 段，她的碗里有 56 段。妈妈说，如果她给我 8 段，两个碗里的豆角数是多少呢？我重新数了一遍，都是 48 段。妈妈说，那么我们两个人的豆角数就一样了对吧？妈妈混合了一下，又让我去数，这次还是我的碗里 40 段，她的碗里 56 段。妈妈从我的碗里拿走了 8 段，然后我说你的碗里是 56 加 8 等于 64 段了，我重新数了一下我碗里的，还剩下 32 段。妈妈问我，两个 32 是多少，我算了一下，是 64。妈妈问，你还记得原来两个碗里分别是多少吗？

看过这两篇日记后，我向妈妈求证当时的具体情况，妈妈说不记得了。我又问妈妈中间的日记怎么没有，妈妈说："你懒呗，让你记你不记，说等到星期六多写一点儿，我就由着你了。"

我是家中的老大，从小调皮捣蛋、喜欢恶作剧，总是不听大人的话，我爸经常说我是"逆子"，但妈妈没有说过。妈妈身体不好，估计是没有力气说我，不写日记也就不写了，由着我说星期六多写点儿，没想到我还真在星期六写了两张纸的日记。妈妈回忆了一下那天的情况，唯一还记得的就是那天最后做的是炒豆角，因为她隐约记得我一直在摆弄两个碗里的那些豆角段。那太好玩了，两个碗里的豆角段数相差 16，一个是 56，一个是 40。我在后面几天的日记中看到了这么一行：

1972 年 2 月 28 日　　　　　　　　星期一

只有我把羊数说对了，老师说我与龙梅、玉荣一样，对国家财产记得清清楚楚。

读者朋友，我不知道你是谁，也不知道你的年龄，所以不确定你是否知道龙梅、玉荣对我们这些 20 世纪 60 年代出生的人的意义。那可是大英雄，我们的榜样啊！她们都是小学生，却做出了无比勇敢的事。老师如果说我与她们一样，那可真是光荣极了。我那天肯定非常高兴。

其实班里把羊数搞清楚的同学有半个班，但只有我在回答老师问题的时候讲清楚了。老师说他没看出来，这么调皮的孩子，脑子还挺好使的，可惜当时的具体字句现在是记不全了。后来我在教小学三年级的时候，特意要求学生在做这道题目时把自己的想法说出来。

两个牧羊人在一起，一个说：“你给我 8 只羊，我们两个的羊只数就相等了。”另外一个说：“不用，如果你给我 8 只羊，我就比你多一倍了。”问：原来两个牧羊人各有多少只羊？

我记录过如下这些学生的算法。

韩晓梅：如果一个牧羊人给另外一个人8只，两个人的羊数就相同了，那说明之前两人的羊数差16只。反过来，从羊数少的那个人那里拿走8只给原本羊就多的那个人后，两人应该差32只。这时，一个人的羊数就是32只，另外一个人是64只。把挪过来的羊补回去，那么原来那个人就是32加8等于40只，另外一个人是64减8等于56只了。

以上内容摘自我1985年10月27日的日记，这个叫韩晓梅的学生应该是北京第二实验小学三年级的学生。当时我正在北京师范大学附属实验中学当数学老师，受学校委托组建小学奥数班，主要从北京第二实验小学三年级招收学生。当时我们从8个班中招来了21个孩子，韩晓梅是其中的一位。另外一位叫许军的孩子还有一种算法。

许军：如果一个牧羊人给了另外一个8只就多一倍了，那么这个时候两个牧羊人之间羊的数量相差16只，多的一倍就是这16只，那么16只加16只，就是32只。再把拿走的那8只还回来，这个牧羊人就有40只，而另外那个人有56只。

两个人都得出了正确的答案，但许军的说法更跳跃一些，隐含的理由较多，而且更快——韩晓梅用了一分半钟的时间，许军用了不到一分钟。

我不记得自己当年究竟用的是韩晓梅的算法还是许军的算法了。我能够记得的是，每次做类似这样的算术题，妈妈都要求我把思考的过程说出来。就如同当年数碗里的豆角段，每次挪动了豆角段后，我都会把碗里还剩下的数出来。清点的过程可以不断强化对眼前材料的感觉。把实体的材料在手里拿过来、拿过去，这个过程中，解题的思路就渐渐在脑海中成形，说出来，题目也就得到了解答。

当时在班里，许多孩子都能够做出这道题目，但能够把过程讲清楚的，我是第一个，是不是还有第二个、第三个，由于老师没有再叫其他小朋友回答，我也就无从知晓了。把思考的过程说出来，这个方法是从我学习加法妈妈就开始要求的。一位数相加的时候，就必须这样说："6 加 7 就是从 6 开始数数，7、8、9、10、11、12、13。所以 6 加 7 等于 13，数了 7 下，意思就是 6 加 7 了。"

当时我还小，妈妈会配合手指头来表现。她是这样做的：先让我用手指头摆出 6 来，然后她自言自语地用自己的手指头摆出 7 来。我自己数完手里的 6 个手指头以后，就跳到她的手指头上，接着 6 继续数，数完她已经摆好的 7 个手指头，最后那个手指头就是 13。当妈妈发现我有跳数的习惯或者在转换到她指头上时有不敢继续数的犹豫，她都会鼓励我大声数出来，渐渐地，我的胆子也就大了，就更加敢数了。说出思考过程是一个重要的启发智力的方法。能够说出来的思考，印象也会更加深刻。

我自己当了数学老师以后，尤其是在带小学奥数班的过程中，对这些 10 岁上下的孩子的要求就是在拿到题目后要大声念出来，然后继续说下去，想到什么就说什么。他们在解题的时候确实会慢一点，随着边想边说的习惯慢慢形成，解题的思路就越来越清晰了。我通过听他们的思路，也就能够准确地把脉孩子解不出题目的症结之所在。

有些妈妈陪孩子学习，看着孩子的眼睛滴溜儿地转来转去，知道他在思考，却不知道他在思考什么，也不知道他思考的方向是否正确，直到孩子说出了结果，妈妈才知道对错。其实，这已经失去了把脉的最佳机会，也就是对过程的关注。要求孩子说出来，其实并不难。

现在，我学生的孩子都渐渐长大了，有时这些学生回来看望我的时候也会带他们的孩子来。曾经有一个 4 岁孩子的妈妈自豪地说："不光是加法的问题，我这孩子连减法都会了。"我有些惊讶，于是问孩子："37 减 13 是多少啊？"孩子张口回答："37 先减去 10，就是 27，然后 27 再减去 3，就是 24。"确实厉害，并不是因为答案正确才厉害，而是有本事把思路说出来才厉害。原来，我这个奥数班的学生从我这里受到的最重要的启发就是利用说话推动思考。在美国科研机构工作的她，自己也是受益者，经常因为能够率先把思路说清楚而得到重用。有些学者能够在纸上完成东西，但就是无法通过语言表达出来。这两种能力有着重要的差别：能说出来的人一定能够写出来，因此他们享有优先权；而能够写出来的人却不一定能够说出来，通常也会丧失机会。

我在上小学前做20以内加法的时候，经常被妈妈要求把想法说出来。比如12加7，那就是从12开始数数，数完7次停留的那个数就是相加的结果。我的说法是："现在是12，然后是13、14、15、16、17、18、19，数了7下吧，12加7等于19。"12加16的说法是这样的："12先加一个10，就是22，然后数6下，23、24、25、26、27、28，所以12加16就是28。"

5岁前养成的习惯往往可以本能地维持一生。应尽早培养孩子说出自己的思考，想到什么要讲出来，可以是对自己讲，也可以是对家里人讲。说出来的任何内容都是对自我意识的超越，是建立在自我思维水平之上的。这就相当于为自己制造了双核的计算机处理器，无论是在思考的速度上还是深度上，肯定都能够超越单核的处理器。

以下展示的是我更多的教学记录，做题的人都是从奥数班选出来的孩子。

一个院子里有鸡和兔，大人看不清楚，只能看清有35个头，还看到了94只脚。问：其中有多少只鸡，有多少只兔子？

刘晶晶：有35个头就是说兔子和鸡一共35只。都是鸡的话应该有70只脚才对，多出来24只脚，肯定是因为有兔子。兔子的脚比鸡多两只，那就是12只兔子了，所以，35只动物中，12只是兔子，剩下的23只就是鸡。

程哲：有94只脚，如果都是鸡的话，就应该有47个头，实际却只有35个头，少了12个头，这12个头就应该是脚多的兔子的。所以35减去12只兔子，就是23只鸡。

当时班里有人做不出这道题目，听孩子自己说出思考过程我才了解到，做不出来的孩子是因为没有见过兔子，也就不知道兔子有4只脚。脑海中没有兔子的概念，做这道题目的难点当然就不是思考，而是根本就没有理解题目。一旦对题目理解了，那些绕弯的数学思维也就易如反掌了。

140个乒乓球被放到了两个篮子里，从其中一个篮子里拿出15个乒乓球放到另一个篮子里，两个篮子中的球数就一样了。问：原来每个篮子里有多少个乒乓球？

王放：140减去30是110，一半就是55，那么原来一个篮子中是55个，另外一个里面是85个。

张诚东：一共140个，如果球数相等就是一个篮子里有70个，所以拿走15个，就是55个，多了15个，就是85个。

当你能够收集到自己的孩子对这些题目的反应时，你才知道孩子脑海里的思路是多么简洁、多么优美。尽管许多孩子都能够得出一样的正确答案，却有那么多不同的过程、不同的走向、不同的线索、不同的习惯。在说出来的同时，孩子之间也分享了更多的思路和方法。作为妈妈，你至少可以先让自己养成说出来的习惯，然后再示范给孩子，甚至可以从孩子手边正在做的事情开始，比如让他说出“我现在去上学”“我到家了”“我现在准备去睡觉”，等等。

约有 87% 的中国大学毕业生评价自己性格内向，这是一个多么大的比例啊！那么，这么多不善于讲话的人彼此之间如何合作呢？都单打独斗吗？培养把思考过程说出来这个习惯不仅有助于建立并梳理孩子的数学思维，提高其数学思考能力，还能够改善其性格，提高其语言表达能力。这也许就不仅仅是学好数学这么单一、简单的事情了，更有着影响人一生为人处世风格的重要意义。

回顾自己 40 多年前的日记，我常常感慨妈妈的用心良苦。某道题没有完成时，我以为妈妈回来晚了肯定就不会看我的作业本了，后来才知道，妈妈会在我入睡之后一页一页地看我的作业本。那些掐豆角的记忆碎片，长大后要通过日记才能够前后拼凑起来。原来那件事整个就是妈妈布的一个局，事先设计好了前后次序及道具，并任由我玩这些将要吃的东西。不像隔壁邻居家的妈妈，孩子玩了米都要挨一顿骂。不过也不难理解，那个时候贫穷，家里的米不多，都是珍贵的粮食，怎么能拿来玩呢？后来我与邻居家这个孩子闲聊时才知道他玩米的游戏内容。我当然毫不示弱，立刻就把家里的米袋弄出来了，当时真不知道数大米能够耗费那么长的时间。

邻居家这个孩子比我高两个年级，他说学校老师讲了一个故事。传说很久以前，有一个国王奖赏大臣，不知道大臣想要什么，就让大臣自己说要什么。大臣说："你看见那个有 64 个格子的棋盘了吗（见图 4-1）？第 1 个格子放 1 粒米，第 2 个格子放 2 粒米，第 3 个格子放 4 粒米，第 4 个格子放 8 粒米，第 5 个格子放 16 粒米……把 64 个格子里的米都给我就行了。"国王听了哈哈大笑，说："大臣真是不贪功啊，就要这么点儿奖赏，给了！来人，去粮库拿一袋米来。"国王派人开始放米，结果最后，大臣被拉出去砍了头。

图 4-1

我这个邻居小朋友肯定是上课走了神儿，我问他为什么大臣被砍了头，他说不知道。所以，他回家后就开始在棋盘上摆米，结果被他妈妈骂了一顿，还差点被他爸打一顿。小时候的我肯定是个愣头青，拿出我家的米就开始在他家的棋盘上摆了起来。直到后来长大了，我才知道这个故事的来龙去脉。人家故事里说的其实是国际象棋的棋盘，他家只有中国象棋的棋盘（见图 4-2），那是不一样的，所以我们摆到第 4 个格子时就恍惚了。你看一下第 4 个格子，中间有一条斜线，老师没有说这样的格子应该当成一个格子还是当成两个格子。争议不清，我们只能当成一个格子来放米。这一行放到最后一个格子的时候，已经不太容易将 128 粒米都整齐地放进去了；放到第二行的第一个格子时，困难就更大了。

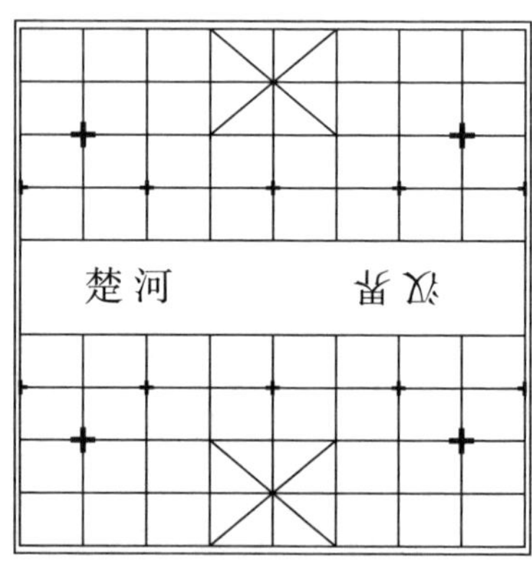

图 4-2

这时，我们将书包中的书本都拿了出来，当作第二行的格子来放那些米，4 本书、3 个作业本都堆上了米。结果放到第三行第一个格子的时候，米更多了。我们正在想怎么摆这第三行的时候，我爸回来了。我妈一直都在家，知道我们在玩米但没有管我们，可我爸一回来，发现楼道的地上摊了一个棋盘，旁边是书本，上面都是大米，便严厉地问："你们干什么呢？"我说："我们给大臣算奖赏呢。"

我记得那天是下午 2 点多到家的，开始弄这一袋米差不多就是从这个时候起，到我爸回家已经快 6 点了，我们俩连第三行都还没开始摆呢。我脑海里关于那天玩米的经历大概就是这些了。今天回想起来，我还是会疑惑，那到底是多少米呢？为什么后来国王干脆杀了那个大臣呢？

为了把这个问题弄清楚，我干脆自己重新来数大米。我数了 10 粒米一堆儿的，50 粒米一堆儿的，100 粒米一堆儿的（见图 4-3），等数到 500 粒、1 000 粒、10 000 粒时，已经耗费了两个小时的时间。然后，我开始计算到底应该给那个大臣多少大米，其实就是：

$$1+2+4+8+16+32+64+128+256+512+1024+2048+4096+8192+16384+\cdots\cdots=2^{65}-1$$

这到底是多少大米？我测量了一下我手里现有的大米，大约 40 粒米是 1 克，那么 1 万粒大米就是 250 克，4 万粒大米就是 1 公斤了。上面那个式子算出来的数字太大了，就算变成重量，也要大概 9 000 万吨，当时那个国王怎么可能拿得出来呢？于是就狠心把这个大臣杀掉了。

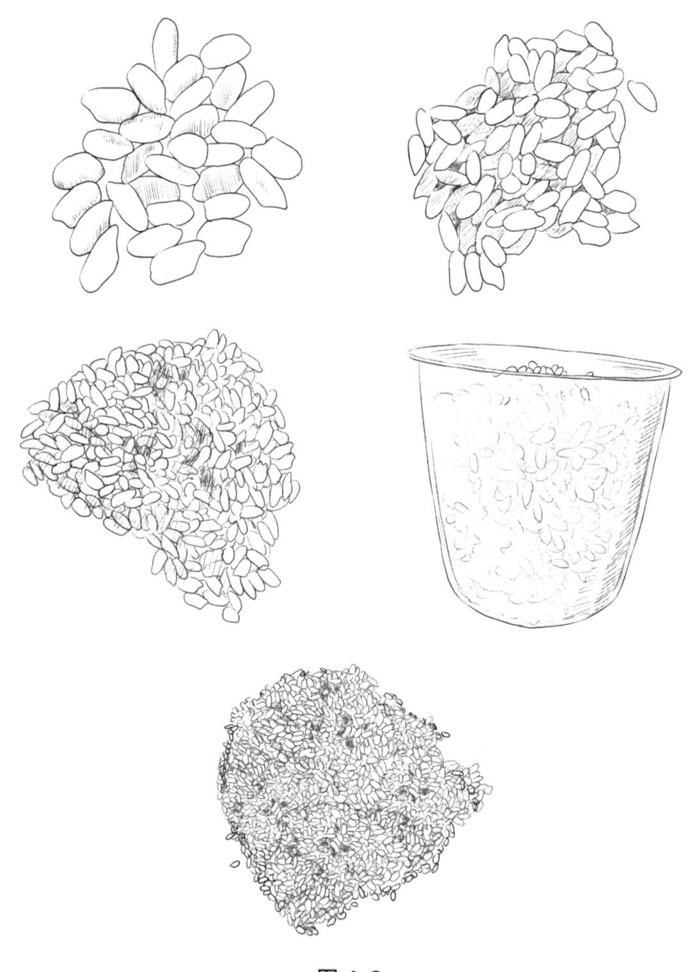

图 4-3

这里的重点不是计算出有多少大米，而是听完这个故事之后，有多少小朋友会较真儿地去数一下、算一下，自己来发现其中存在的各种各样的问题，而不是听过故事就完事了。我问过妈妈关于这个故事的许多细节，比如“当时国王用了多长时间来数大米并放到格子里？”“当时参与数大米的人有多少？”“当时他们是不是把 64 个格子的大米都数完了？”“最后肯定是因为没有米了，还有好多格子没有填上。那是数到第几个格子才发现粮库里一点儿米都没有了呢？”……

这样追问细节是出自严密的思维，还是出自好奇心？孩子最初能够提出许多这样的问题，其中有一些有逻辑、有含义，有一些可能毫无意义，但父母不能因为潜在的问题就打压孩子提问的行为，这样不仅会导致他们再也问不出问题来，而且会让孩子对听到的、看到的事情不再进行深入的思考。

不打压孩子玩米的行为、不打压孩子提问的热情，这些都是我的妈妈无意中做到的。说出解题的过程，说出听到故事时脑海里涌现的疑问，或者说出好奇的联想，这一点对我来说就是本能，是环境造就的。我没有被打压过，没有因为求知好奇、探索新鲜事物而被训斥、被惩罚过。我的这些习惯，我发现我弟弟身上也有。这就不是偶然的了，而是在同一种环境下成长而留在身上的烙印。

读完这一回合，作为孩子的妈妈，你决定做些什么呢？

妈妈教的数学

◎ 你能够做到每天至少三次在孩子面前把自己的思考过程说出来吗?

◎ 你能够耐心倾听孩子诉说自己的思考过程吗?

◎ 你能够给孩子更多的空间，让他随意探索家里的任何事物吗?

人类与动物的不同在于拥有语言。西方哲学就起源于苏格拉底的谈话，他的哲学体系、逻辑体系是说出来的。把自己的思考、想法说出来，让孩子养成这样的习惯，将对他探索任何事物都有帮助。数学也是一样，玩儿一样地说出来，说多了就形成印象了，就融会贯通，成为自己熟悉的事情了，也就不再感到害怕了。这就是说着玩儿的数学啊!

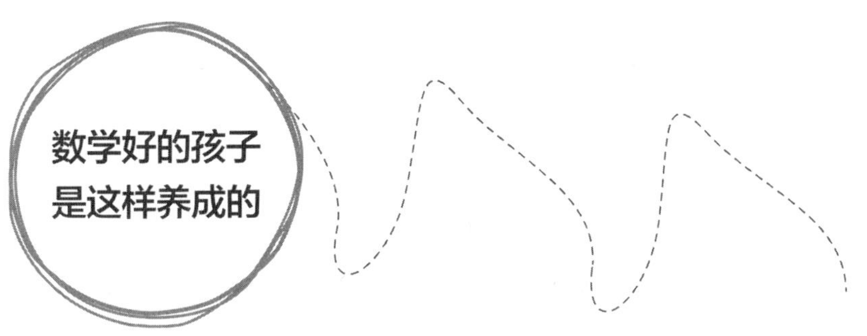

重要的不是答案，而是思维过程

“说出来”，就是这么一个简单的行为，对孩子来说却能带来巨大的变化。从大脑的发育机制上来说，“说出来”的作用是能够让孩子对自己大脑中所想的事情进行二次加工，强化自我意识。默想是一次加工，并且是隐蔽的加工方式。有一个规律估计大家都熟悉，那就是一个人如果悄悄地做一件事，或者做一件事的时候不想让别人知道，以隐蔽的方式去做，那这件事通常做不好，至少与光明正大地做相比，效果要打个折扣。这就是“默想”与“说出来”的区别，表现在思维上，经过长期的行为坚持，就会发生巨大的变化。

孩子在“说出来”的时候，要经过如下三个大脑环节。

- 第一个大脑环节就是动用语言区，运用语言区的功能，挑选恰当的词，把自己的意思用组织好的词顺利地表达出来。
- 第二个大脑环节就是通过自己的听觉吸收一次信息，吸收进来的信息会进入负责处理听觉信息的大脑区域，这个区域的功能是将所听到的词的意思反射出来，并整理成一个可以理解的信息，或者将其放到大脑中之前有过类似词语的区域进行归类，嵌入大脑中已有的、能够明确认识到的事物类别中。

- 第三个大脑环节就是对自己想要表达的意思与自己真正说出来的信息进行对比，从而明确地知道自己说出来的意思是不是自己想表达的意思，如果说得不太准确，需要进行调整，就调整后重新说一次。

把心里想的事情说出来，是为了让自己理解得更加准确、更加精细、更加锐利，不用担心别人听到后说你错了或者嘲笑你。这是思维的调试过程。

到现在为止，在我 38 年的执教经历中，不仅是那些奥数班学生的学习过程让我体会到了“说出来”的威力，还有更多普通的孩子，那些想要学好数学的一年级、二年级、三年级的小学生，他们的表现也充分说明，就是这么简单的一项教学要求，就能够带来巨大的思维变化，而且是在那种不知不觉的状态下，悄然无声地，思维之花就绽放了。这些学生没有经历勤学苦练，不搞疲惫战术，不熬夜，不大量做题，只是采用了正确的学习方法，遵循了儿童大脑发育的规律，每天花 30 分钟做上 3 道题，便胜过了那些每天熬夜牺牲睡眠的学生。不仅思维超越了他们、分数超过了他们，而且精神愉快、心理健康，智力基础自然也就随之越来越厚实了。而做到这一切的诀窍只有一个，那就是做题时把思考过程说出来，不是说一次，而是自己在不断调整和矫正的过程中，说两次甚至三次，借此不断修正自己大脑里的认知。这个过程是自我教育、自我修复的过程，是大脑中的自主智力构造、修复、调整、完善直至完美的过程。

有这么一道题，参与做题的有小学一年级的学生，也有二年级、三年级、四年级的，这道题是这样的：

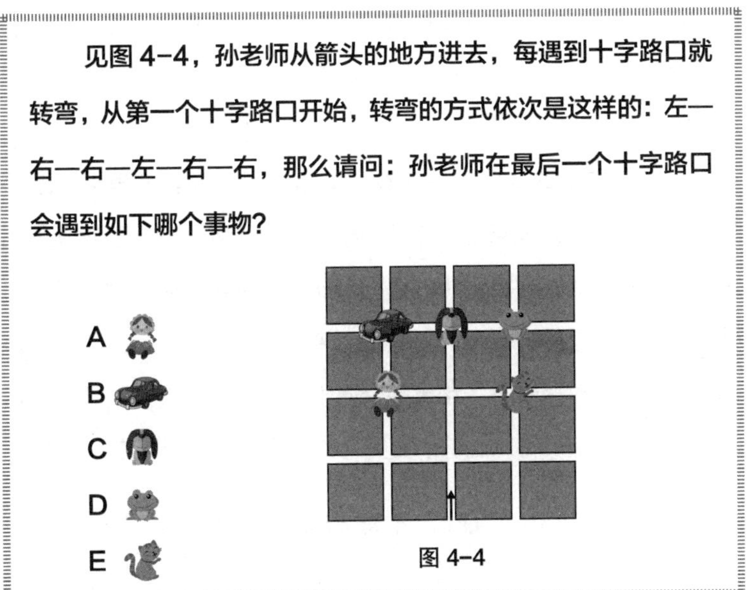

见图 4-4，孙老师从箭头的地方进去，每遇到十字路口就转弯，从第一个十字路口开始，转弯的方式依次是这样的：左—右—右—左—右—右，那么请问：孙老师在最后一个十字路口会遇到如下哪个事物？

图 4-4

我当时要求每个学生不仅要做出正确的判断，还要说出来。孩子们说出来的表现可以总结为三个等级，分别如下。从中能够看出“说出来”对思维形成的作用。

- 第一个等级的学生能够描述“走过去”，可以说出“转弯”，会使用“然后、接着”之类的衔接词，也能说出遇到的动物。但他们的语言中夹杂着一些口语词，比如“狗狗”“车车”，体现出思维品质还停留在比较幼稚的阶段。
- 第二个等级的学生在描述的语言中出现了“十字路口”这样的复杂词汇，也出现了“向左转”这类的准确表达，“然后、接着”这类的衔接词有所减少，但还是有，这是思维路径停顿的表现，不过他们最后说出了正确答案：遇到了一只猫。

- 第三个等级的学生能够描述得清晰、准确，20 秒内完成，没有衔接词，不断使用“下一个路口”，能够说出“按照指示向左、向右”“面向青蛙”“下一个路口遇到一只猫”这样的准确表达。

有一个非常重要的变化发生在教学安排之后。我安排学生做题并说出来，各自录音，第二天大家选择其他同学的讲法来听，至少要听其他三位同学的讲法。听过之后，与自己讲的进行对比，然后再录制一次。我不会评点谁讲得好、谁讲得不好，也不会对收集上来的录音打分，只是把录音提供给学生，让他们彼此对照着听。结果每个同学第二次提交上来的录音，语言描述都改变了，而且都变得比之前的要完善，主要体现在以下三个细节上。

- 第一，能够使用正确的词，非常准确地使用名词和方向词。
- 第二，语言描述的次序有所改善，停顿减少了，口语词以及“嗯”“所以”“然后”这类表转折的虚词也减少了。
- 第三，总时长减少了，能够比较精练地将题目表达完整。

这么重要的思维培育动作，是每一个家庭都能够具体落实的。不必盯着孩子的错误，而是让孩子讲讲作业中自己最拿手的一道题，讲一下题目的意思、自己解题的过程以及解题时想到的事情。孩子可以随意地讲，父母只管听就行，听的过程中可以问一些细节问题，但不是像老师问的那种考核性质的问题（父母要大幅度减少对孩子提出考核类的问题），比如“刚才你说的是‘每一个路口’吗”或者“你前面说谁走得快来着”这种核实性的问题。鼓励孩子讲的同时，也要通过语言次序和用词的调整，厘清自己的思路。有时，不会做的题目也可以像这样鼓励孩子反复用自己的语言去讲，这样做能够激发孩子的大脑参与猜测、敢于尝试，这个动力会推动着孩子反复梳理思路，最终使思维得到延伸、重组和巩固，并形成清晰的条理。

就是这么简单的一个动作，在学校是难以做到的，因为老师要面对一个班超过 40 个学生，无法做到一对一地让每一个孩子都有机会讲、有机会听、有机会调整。但是在家里可以做到，这也是家庭教育的优势所在。家庭不该是学校的延伸，而应该是对学校的补充，父母也不该成为老师的助手，而应该去落实学校做不到的方面。父母用的是父母特有的耐心，父母的作用不是监督和催促，而是和孩子一起讨论。鼓励孩子说出来，同时自己也说出来，从而在思维层面辅助孩子的大脑发育。学校是模仿类型的学习方式，家庭应该是创造模式的学习方式。

默想是智力发展的敌人，而且是个不太容易看见的敌人，它潜藏在暗处，阻碍着大脑思维的发展，延缓着自我意识的形成，并渐渐变成含糊的、模棱两可的粗糙意识。默想不仅会导致孩子数学学不好，连语文都难以学好，这是智力薄弱的根源。人类与其他动物最重要的不同，就是能够通过可以说出来的语言形成对概念的认识，并运用概念去理解复杂的事物、操作复杂的程序，从而实现复杂的目的。简单可行的“说出来”，把难题“说出来”，容易的题目也要“说出来”，充分地表达，才能激发思维的成形和提升。这样的习惯，是在家庭中，由妈妈的示范和鼓励而形成的。

用心倾听饭桌上大家的聊天，别人在说一件事情的时候，可能说了很多话，比如用了300个字，然后理解一下这件事情，看有没有人能够用200个字说明白，或者用100个字说明白。语言是思维的反映。做数学题尤其如此，一些题目不会做，实际上是因为没有理解。任何题目都是浓缩了的精练的语言表达，孩子在学习时，尝试把题目用自己的话说出来，这就是一个训练——思维的训练。说的过程中，有时就开窍了，一下就明白了。

在学校体系内，像这种让学生把题目说出来的做法并不普遍，这是符合儿童认知规律的事情，为什么没有得到普及呢？下面都是可能的原因，你认为哪个原因可能性最大？

（按可能性从高到低排序）

A. 老师其实也不知道认知心理学原理

B. 学生人数太多，每个学生都讲听不过来

C. 中国文化有默想、静思的传统

D. 学生已经被打压惯了，不想说

（参考答案见全书末尾）

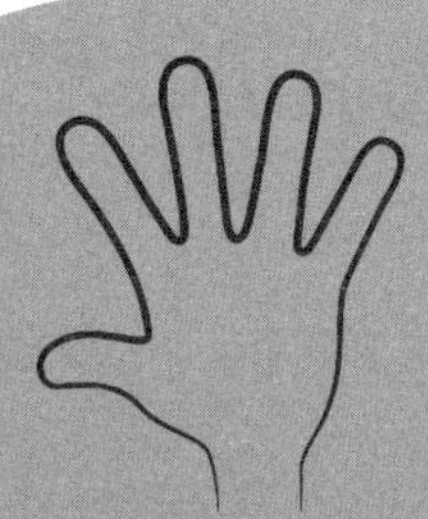

应用题的关键难点

◎从孩子早期接受数学概念的能力来看，语言理解是最基础的一关，也是最初的难点。应培养孩子对数学词汇的熟悉、理解，并渐渐形成认知。这样，当孩子再遇到应用题时，题意理解这一关就可以轻松跨过了。

◎生活中越是能经常地接触到具体、具象的数量，并得到及时的启发，孩子就越具备主动走向抽象的能力。

妈妈教的数学

1974年1月27日　星期日　晴

今天下午全家包饺子，我学会了用皮儿把xiàn包起来。妈妈说正月初五应该吃饺子。我包了8个，爸爸包了47个，妈妈负责gǎn皮儿，我还包了一个有糖的饺子，晚上我吃到了这个糖xiàn的饺子。爸爸比我多包了39个饺子。

1974年7月18日　星期四　晴

今天上午开始，妈妈就在准备面、xiàn，妈妈说今天是吃饺子的日子，要包扁豆xiàn的饺子。爸爸下午回来后就开始包了。我包了24个，爸爸包了24个，妈妈包了8个，一共包了56个饺子。我与爸爸包的饺子一样多，我包的是妈妈的3倍。

我 15 岁以前有关包饺子的日记，只有这两篇。从这两篇日记中可以看到,数字在一个 11 岁男孩生活中的若隐若现。数学的基础就是数字，数字不仅可以写成文字，还是一个数量，即字面的背后是一个量。能够知道有多少个饺子是对量的认识，而能够知道谁包的饺子多，就是对量的比较，比较能够强化对量进行更深入的认识。数学就是从这种对量的比较中逐步建立起来的。

对孩子来说，比较的事物必须有具象的意义，这两篇日记中体现的就不是单纯对数字的比较，而是用来解释现实生活中饺子的数量。包饺子对孩子来说很好玩，是一个动手参与的过程。我妈妈在我玩的时候顺便让我理解了数量之间的比较，更重要的是理解了爸爸比我多包 39 个饺子的数量意义，理解了一样多的实际意义，理解了我包的是妈妈的 3

倍的具体意义。

这里有一些词，读者朋友们不妨先看看自己是否理解：

乘积 扩展 增加 减少 相差 相同 最小的 最大的
最多的 最少的 一样 一半 两倍 同向 相向 相遇

这里仅仅列举了16个词，都是小学数学教科书中出现频率较高的，尤其是会在应用题中大量出现。这些词也恰好是孩子在做应用题时遇到的最大难点。对孩子来说，难点不是数字之间的运算，比如孩子很容易计算出47－8＝39，却不容易把“爸爸比我多包39个饺子”变成数学意义上的减法。也就是说，孩子在面对应用题时最大的障碍在于，能否正确地理解一段语言表达的意思，尤其是能否将这段语言表达的意思变成数学意义上加减乘除的运算形式。

读者朋友们，如果不介意的话，请再接受一个挑战，那就是把上面那16个词讲给自己的孩子听，看他们是否能够理解。检验他们理解与否的方法就是让他们举出例子来，比如用他们自己在生活中看到的、听到的、数过的东西来讲解。

正如妈妈让我包饺子的过程，真的不只是包饺子好玩而已，更是润物细无声地讲解了抽象的数学概念。如果孩子能比较自然地理解这些抽象的数学概念，下面这几道题就容易多了。

有三根铁丝，第一根的长度是第二根的 6 倍，第三根的长度是第二根的一半，第二根长 10 厘米。现在要把它们截成一样长的铁丝且无剩余，并且要使每段铁丝尽可能地长。问：可以截成多少段？每段长多少厘米？

有两列火车，客车长 200 米，每秒行驶 30 米；货车长 300 米，每秒行驶 20 米。两车在平行轨道上齐头同向行驶，问：几秒后客车完全超过货车？如果两车相向而行，从相遇到错车而过需要几秒？

三年级三个班的少先队员为美化校园环境自己动手种花，一共种了 265 盆。一班种的是二班种的 2 倍，三班种的比一班种的多 5 盆。问：三个班级各种了多少盆？

画展 9 点开门，但早有人排队等候入场，从第一个观众来到时起，每分钟来的观众一样多。如果开 3 个入场口，9 点 9 分就不再有人排队；如果开 5 个入场口，9 点 5 分就不再有人排队。问：第一个观众到达的时间是 8 点几分？

这 4 道题都涉及抽象的语言概念，分别是：6 倍、一半、无剩余、尽可能长、同向、相向、错车、2 倍、多 5 盆、每分钟一样多、不再有人排队。以上 4 道题都选自小学奥数类的图书。编写这些奥数训练图书的老师都是小学老师，经验丰富，对数学思维的运用也很熟练，但最大的缺陷就是，这些图书是从编写老师的视角出发的，题目中涌现出大量的抽象词汇，其实并不是在测试孩子数学量化的能力，而是在测试孩子对抽象语言的理解能力。而图书中最缺乏的就是对词汇的注解，即对词汇进行简单解释，用孩子易懂的话来把事情讲明白。

我也是在从事数学教育之后才渐渐理解了书本上那些心理学术语的含义，比如具象事物对认知过程的意义总是大于抽象词汇。一项针对来自俄罗斯、德国的天才儿童的研究揭示了如下三个结论。

- 天才儿童的卓越之处主要体现在对抽象词汇、抽象关系的掌握上。
- 越是在生活中经常地接触到具体、具象的数量，并得到及时的启发，孩子就越具备主动走向抽象的能力。
- 数学方面的天才都具备对语言中词汇的特殊理解能力。

比如前面的第 1 题，如果妈妈能够在孩子面前摆出三根线来，让孩子一根一根地测量，这道题完全可以做出来。并且在做的过程中，孩子能够渐渐理解“6 倍”“一半”“尽可能长”的意思。如果一定要用数学语言来说，这道题背后的概念就是“最小公约数”，但完全没有必要让孩子去理解“公约数”这个概念，用现实中缝衣服的线来实际演示就可以了。等孩子非常熟悉并可以快速地自己做出类似题目后，他的脑海中便会形成一个概念，他会用自己的语言来解释这个概念。到那个时候，再告诉他这就是“公约数”的意思。

我的一个学生是这样思考的：第二根铁丝长 10 厘米，那么第一根铁丝就是 60 厘米，第三根就是 5 厘米。一段只能长 5 厘米，这样所有的铁丝就都用上了，第一根可以有 12 段，第二根有 2 段，最后一根只有 1 段，12 + 2 + 1 = 15 段，每段长 5 厘米。

这个学生理解“无剩余”的意思就是所有铁丝都用上，那么就只能将就最短的那一根，即 5 厘米，因此“尽可能长”其实没有意义。这个孩子接着说道:“如果你要尽可能多一些段,我能不能剪成 1 厘米长的？”这个学生算是理解了“尽可能”的意思,也理解了“一半”“6 倍”的意思。

目前的学校教育中，老师完全没有时间来摆出具象的铁丝，也没有意识培养孩子自己去形成一个概念，而往往是先灌输给孩子一个肯定不懂的词，再给这个词添加许多解释和说明，看哪些孩子能自己悟出来，能悟出来就代表他们懂了。但正常的儿童认知发展次序完全不是这样的。如果孩子强迫自己记住老师要求的操作模式而心里并不真正懂，再通过大量类似题目的训练养成本能，日久天长，孩子的认知理解层面就与操作层面脱节了，失去了思考问题、提出新问题的能力，而变成了机械操作的“机器”。

改变学校的教育并不容易。撇开对孩子学习认知的正确理解不说，面对这么多学生，要保证每个学生都能跟上，在时间短、任务急、老师少的情况下，家长们不要对学校有过高的期望。还是从自己开始吧，至少父母应该是孩子最早的启蒙老师。你也可以掌握正确的方法，那就是在生活中寻找大量的机会来讲解具体的数量，并给孩子一个机会，让他自己去形成认识，学会熟练应用、学会从中提炼，形成丰富的词汇库。

按照这个要求来做的话，第二题应该从做模型开始：给孩子摆出两辆车的模型，演示什么是相向、什么是同向；再演示在相遇的点，错车实际是什么样子的。这就是具象教育的操作方法。

我在澳大利亚也从事过中小学数学教育，接触了大量的具体模型，尤其是在澳大利亚的小学教育中，这种模型更多。澳大利亚小学生的数学水平无论在熟练程度上、技巧上，还是在做题的速度和准确性上都无法与中国学生相比，但是在面对新问题的时候，他们提炼的能力非常强，解决问题的思路也更加多样、灵活，能够实际深入到问题的本质，这些能力都是中国学生需要提升的。这个结果其实就与教育的过程有关。强调从具象到抽象的认知形成过程，而不是强化抽象符号的快速计算，这样就能够培养出另外一种能力来。

作为妈妈，你应该可以思考：你想让孩子具备哪种能力？两种能力是否可以共同拥有？当然！完全可以。两种能力有次序的先后，也有教育过程中的侧重比例。

对于第二题，最难的地方仍然是对语言的理解，比如“同向”“相向”还有“超过”是什么意思，“错车而过”又是什么意思？有了模型，解释“同向”“超过”就容易多了。同样，解释“相向”与“错车而过”也就更容易了。具体的算术问题其实非常简单，不就是300米用多长时间、500米用多长时间嘛！如果没有模型，那就用视图，通过画图的形式来让孩子体会到“超过”“错车而过”的意思（见图5-1）。虽然数学考试不是考语言理解，但是不理解语言，孩子就可能做不好数学题，而卡在理解上。

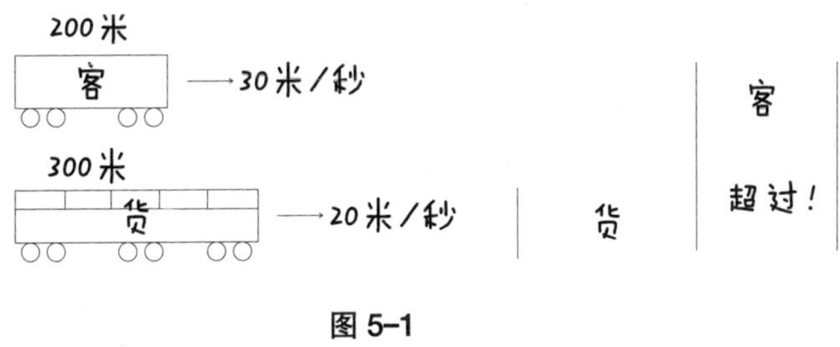

图5-1

从孩子早期接受数学概念的能力来看，语言理解是最基础的一关，也是最初的难点。许多女孩子过不了这一关，就认为自己没有学习数学的天分，于是“合情合理”地自我放弃了，但这个难点会一直存在，并将终生影响她们对生活中一些抽象事物的理解，比如利率的用途、汇率的用途、利息的滚动计算等。所有抽象的数学词汇都是之前许多数学家从现实生活中提炼出来，并用他们自己的语言来概括的，而孩子的脑海中是空白的，不一定能够直接接受，也绝对不可能在没有任何可见、可触摸的现实的情况下就直接理解。必须让孩子经历具体的操作过程，然后自己去体悟，这才是帮助孩子成长的正确方法。

有一个小朋友在路上看到一只蚕茧，就把它带回家，想观察蚕蛾破茧而出的过程。等了几天，他终于发现蚕茧在晃动，于是每天观察的时间更长了。他细细观察起蚕蛾用身躯艰难冲破蚕茧的过程。开始的时候，蚕蛾在壳里一点儿一点儿地蠕动，渐渐地，可以看到蚕茧的一个角上出现了一个洞。然后停了好长时间，蚕蛾又开始努力了，小洞渐渐扩大，能够看到里面是成形的蚕蛾。过了一会儿，蚕蛾又有了新的动作，它试图从小洞中钻出来，但实在钻不出来，只能继续摩擦这个洞口的边缘。小朋友取来放大镜仔细看，洞口的边缘先变得有些潮湿，然后洞口就一点一点地扩大，扩大了一点儿后，蚕蛾又尝试钻出来，还是没有成功，于是它继续摩擦洞口边缘……这样来回至少有15次，小朋友明白了蚕蛾的目的，于是拿出小剪子，从洞口的边缘剪开了这个蚕茧。蚕蛾脱离了蚕茧的束缚，终于自由了。它尝试扇动翅膀，想飞起来，可试了几次都没有成功，翅膀上还有没完全展开的皱褶。蚕蛾一直在尝试、尝试，但1个小时后就不再尝试了。过了4个多小时，蚕蛾还在原处，用手触摸时，它已经没有动静了。

我们的老师、父母都是好心人，看着孩子不理解这么简单的概念便十分着急，于是干脆帮助他跳过去——“你记住就行了！”“照着模仿还不会吗？以后都这么做就可以了！”“其实就是这个意思，懂了吗？”……这些话都是老师、父母常说的吧？这些话就好比泯灭了蚕蛾自己奋力的过程。没有了奋力的过程，也就没有机会长出足够坚强的翅膀，就算挣脱了，自由了，也仍然不会有足够坚强的翅膀去飞翔。妈妈们，让我们回到前面，从生活中寻找具体的事情来解释这些词吧！

乘积 扩展 增加 减少 相差 相同 最小的 最大的

最多的 最少的 一样 一半 两倍 同向 相向 相遇

- 乘积：我家住在四楼，每上一层要走两段楼梯，每段台阶数都是 7，那么一层楼的台阶数是多少？住在四楼，所有台阶数的乘积是多少？
- 扩展：用尺子来测量一下，学校发的自然课本的长、宽、高比语文课本的长、宽、高分别扩展了多少？
- 增加：上个星期，你的作文写了 156 个字。这个星期的作文增加了 22 个字，这个星期写了多少字啊？
- 减少：昨天早晨你喝了两杯水，今天减少了一杯，喝了几杯？
- 相差：去年你的个子高 1.23 米，今年高 1.32 米，相差多少？

“最小”“最大”“最高”“最多”“最少”“最短”“最长”……所有的“最”都是进行了多个比较后的结果，要想让孩子渐渐理解“最”的含义，就要尽量提供三个以上的同类事物来比较其长短、大小、轻重。“一样”“一倍”“两倍”“一半”“相同”……这些都是比较的结果。让孩子对事物进行比较，他们才能在生活中理解这些常用的数学术语。

多数孩子从小学三年级起就会在数学课本中发现许多不太能够理解的词，而语文教学中又没有专门对这类词进行说明，也没有提供足够多学生见过、听过、遇到过的来自实际生活的例子。孩子一旦遇到了不懂的地方，便经常会归咎于数学学不好的一些常见原因。其实本质都是对词汇的理解没有过关。在日常生活中，父母可以借助很多常见的事物来帮助孩子建立抽象概念，对培养孩子的数学能力来说，其效果要比参加奥数班强得多。

父母们可能会觉得，社会上有各种各样的辅导班，能够把孩子送去，就算对得起自己的良心了，就为孩子的智力成长尽到责任了。外包是社会分工的一种表现形式，对孩子的教育不仅可以外包给学校，也可以外包给辅导机构，但最关键、最贴近孩子、最直接有效的教育还是源自父母。孩子的第一任老师就是父母，父母也最能够把握一切日常生活的机会来帮助孩子建立许多概念，扩展脑力智慧。

数学不仅是由数字构成的，还包括词汇。父母应该设法将孩子可以见到的各种现象变成词，尤其是数学中会出现的词，培养孩子对这些词的熟悉、理解，并渐渐地形成认知。这样，当孩子再遇到应用题时，题意理解这一关就可以轻松跨过了。

这里再给妈妈们列出小学数学经常会碰到的 12 个词，希望你们能够借助生活中的机会来启发孩子去认识、熟悉这些词，并理解其本质的概念。可通过多举例、多比喻来实现：

顺序 任意 和 往返 轮流 连续
剩余 多出 同比 匀速 注满 单独

数学能力的基石正是掌握词汇。

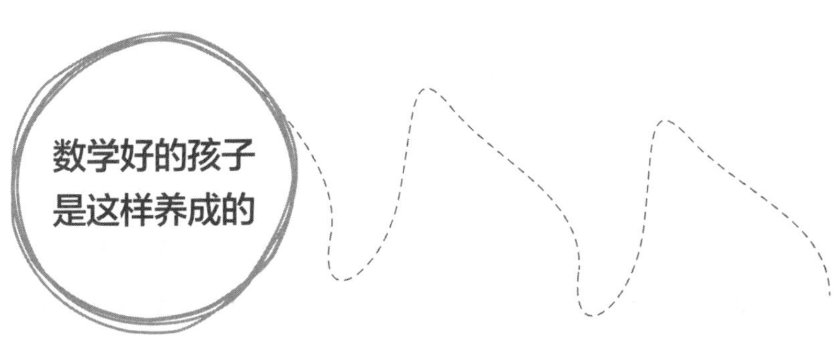

重要的不是提升运算能力，而是理解数学语言

数学是全球通用的语言。这句话中最核心的意思就是两个字：语言。与英语、法语、日语一样，凡是语言，都有自己的词汇、自己的句子、自己的意思表达方式。数学也是，也有自己的词汇、自己的句子、自己的意思表达方式。而且这种语言是全球通用的，看到一个等式，全世界的人都知道是什么意思，比如“4+5=9”，无论是德国人、法国人，还是日本人、阿拉伯人，大家都能够看懂。

从这个角度来看儿童在数学应用题上的表现，很多问题也就不难解释了。比如看题时遗漏信息、把运算次序弄乱、计算得出的结果并不是题目指向的目标等，造成这些问题的原因都在语言上，包括词汇含义理解不清、对句子前后内容的逻辑关系模棱两可等，再加上考试的时候有时间压力，或者心中不喜欢数学，只想赶快做完了事的心理状态，于是就开始照猫画虎，照搬课堂上老师的例子，结果错误百出。而老师和父母通常认为这是态度问题，是孩子做题时不用心导致的，然后就是针对态度的指责和批评，说的与孩子做题过程中实际的思维误区无关，当然也就解决不了问题，下一次孩子遇到相同类型的应用题照样出错，而且还是同样的错误。殊不知，根本原因在于语言，是数学语言不过关导致的。题目里的那些词都是孩子做题的障碍，可能字都认识，但这些字连在一起所代表的意思却不一定懂，要么就是理解得含糊、不准确。如果一句话中，有两三个词都理解得很含糊，那孩子怎么能准确理解题意，又怎么可能做对题目呢？**解决应用题的根本，就在词汇的理解上。**

儿童的大脑如同一台电脑，有主要的操作系统，还有各种应用软件。数学、语文、绘画、音乐、体育等都是不同的软件，而大脑的思维就是核心操作系统。操作系统是不同软件运行的基础，包括理解能力、比同比差的思维意识、对事情发展次序的掌握、对时间前后事情变化的理解等，这些都是大脑中操作系统的核心逻辑能力。而语文、数学这些软件的运行除了需要自己独特的功能外，还需要来自操作系统的功能。比如词汇的理解能力就是属于操作系统的功能，这个功能不是专属于语文的，也不是专属于数学的，而是语文、数学、绘画、音乐、体育都需要的。这也说明，并不是专门针对数学能力的提升就可以解决孩子不会解应用题的问题，因为解应用题的核心障碍在于词汇理解。词汇理解能力的提高则在于大脑认知事物的系统模式上，而大脑系统模式的建设、调试和培育要在广泛的生活中展开，只有扩展孩子日常生活中的见闻，使他的交谈能力不断提高，在对日常关心事物的交谈中使用大量的名词，不仅包括在特定数学领域运用的，也应该包括在艺术、体育等不同领域中运用的词汇，这样才能提升孩子大脑操作系统的处理能力。

再看看下面这些词吧：

乘积 扩展 增加 减少 相差 相同 最小 最大 最多 最少

一样 一半 两倍 同向 相向 相遇 顺序 任意 和 差 往返
轮流 连续 剩余 折扣 多出 同比 匀速 单独 营业

这些都是生活中常见的词，但越是常见，就越容易被忽视，越容易变得不重要，被人视而不见。家庭的作用就是把常见的事情当作需要认识的事情来对待，比如全家计划一起逛商场，就可以跟孩子讨论商场的营业时间，应该几点出门，往返需要多长时间，一个人至少要买几样东西、最多能买几样东西，骑车过去所花时间是走路时间的一半、是开车时间的两倍，你骑车去，我正好走路回来，我们能在哪里相遇……这些都是可以讨论的，都是应该由父母提出、让孩子意识到的生活中的现实内容，也是孩子的大脑操作系统应该安装好的部分。让常见的成为大脑操作系统中常用的，并能够随时调用出来发挥作用，用到语文中，用到数学中。

这个过程在学校教育系统中难以完成。学校是负责儿童大脑中应用程序安装的，而家庭是负责操作系统安装的。学校如果发现学生的某个具体的应用程序运行不稳定、总是出现异常，就会就事论事地改善应用程序，而对真正的原因，即操作系统功能的残缺置之不理，或者完全没有意识到那是操作系统的问题，当然也就不能彻底解决问题了。如果在家庭中，父母能够努力提升儿童大脑操作系统的功能，包括涵盖的范围、响应的速度以及内存覆盖的面积，那么应用题的问题也就迎刃而解了。

在我教过的学生中，确实有那些在应用题方面表现非常独特的孩子，这些孩子在数学运算方面的表现并不突出，会有运算速度慢、计算错误的问题出现，也有运算规则使用不当的情况发生，但是他们偏就能在应用题方面表现完美，不仅能够准确理解和运用题目中的所有信息，有时还能扩展原题，引申出新的变化。我也曾就这些学生在数学上的这种表现与语文老师进行过交谈，果不其然，这些孩子在语文科目上的表现也与之类似，就是会写错别字，也有标点符号使用不当的情况，却在造句、短文理解、写作文方面表现突出。

这样的学生就是那种操作系统优良的儿童。具体到应用程序上，比如语文，这类孩子就会表现出造句、短文理解、写作文有优势；具体到数学，就是应用题理解方面表现超强，并能够将信息转化为数学等式。很多父母及老师会对这类学生给出一个评价，那就是“有潜力”，我将他们称为“潜能型儿童”。实际上，**潜能并不是伴随基因与生俱来的，而是后天环境塑造的，从出生开始，儿童看到的、听到的、参与的还有“说出来”的所有信息，这个全部的过程造就了大脑的一种构造，这种构造表现出来，就是超强的理解能力。**

“thanks”是一个英文单词，如果你学过，那么见到这个单词的时候就知道这是表示“谢谢”的意思，同时，在恰当的场合、情境下，你也会在说话中使用这个词。这意味着在你的大脑中，这个词是活的，这也属于主动词汇。假设，“appreciation”这个词你也认识，别人说的时候或者你在书面文字中看到这个词的时候，都能知道是“感谢”的意思，可是你在平时说话和行文中从来没有使用过这个词，那么，由于你知道这个词，说明这个词在你的大脑中是活的，又由于你从来没有主动使用过，这个词只是放在你大脑里的被动存储区里，因此也属于被动词汇。被动存储区里的词汇处于即将消失的状态，如果一段时间不用，就彻底消失，变成死的词汇了。

在应用题方面表现出潜能的儿童，他们脑海中大量的词汇都是存放在主动存储区的，都是可以自己主动使用的。回忆一下，孩子的日常语言中是否说到过“和”“差”“商”“余数”“积”“整除”“速度”“两倍”“相遇”等这些词？如果孩子平时都很少说，那么在做应用题见到这些词时，尽管可能也认识，也就是勉强能够掌握，但是当有好几个半生不熟的词连成串的时候，孩子的大脑能不晕吗？试想一下，如果是你自己，拿起一道应用题读一遍，是不是也不那么容易找到感觉呢？因为这些特定的术语词汇都已经在你的大脑中消失得差不多了，那么你又怎么能够跟孩子一起创造一个互动的交谈话题，来共同使用这些词汇呢？如果没有这些词汇的使用，也就不会有什么潜能型儿童的诞生了。

这样看来，培育一个潜能型儿童其实也并不难，就是强化与他的交谈，结合第 4 回合所讲的，让孩子“说出来”，这就是在运用大脑的认知规律，把认识的词汇统统存进大脑中的主动存储区域，让这些词汇在孩子的大脑中活跃起来。

具象与抽象，这是人与人在面对相同事物时，能够形成不同理解深度的核心关键。18 岁以下的孩子大都不擅长抽象思考。任何文字都是对事物的抽象化，比如桌子，是先看到具象的桌子的样子，才学会抽象的“桌子”这两个字。那么“乘积”呢？这是非常抽象的词，如果没能让孩子切实看到一个样子，他是很难理解这个词的具体意思的。

小学数学中有大量类似的题目，实际上考的都不是数学，而是对词汇的理解。这一回合给了一些例子，可惜例子还不够多，且看下一本《爸爸教的数学》中，有更多从具象到抽象的例子。

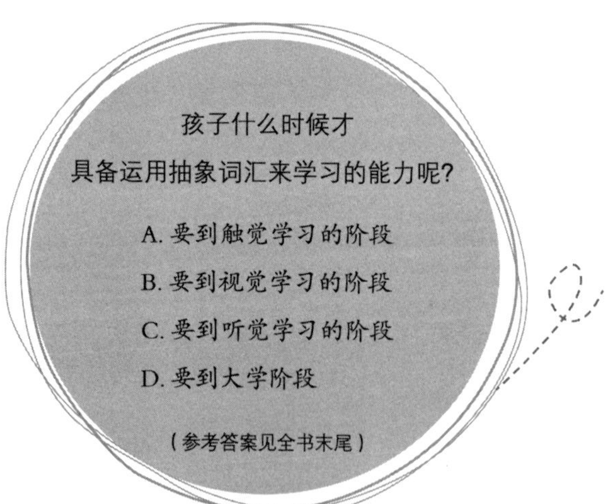

从手指启发出大脑智慧

◎人类有记载的数学活动基本上来自计算、数数、清点，而早期最方便的工具无疑就是手。当然，玛雅人还用过脚指头呢。

◎对孩子来说，指尖上的数学并不是登堂入室的学术任务，而是启迪心智、启发思维、启动乐趣的探索过程。

妈妈教的数学

1985年10月26日　　星期六　　晴

今天教小学奥数班的孩子熟悉规律。孩子们说在学校开始学习乘法口诀了，但总是记不住结果。他们觉得最不好记的是乘以9的口诀，于是我给他们讲了我妈妈教我的指尖乘法。孩子们非常感兴趣，不到10分钟就都掌握了。这时，有一个孩子问："老师，乘以8可以这样做吗？"我被问蒙了，因为乘以9的方法是小时候妈妈教的，而乘以8的方法我自己摸索出来过，但早已没有印象。于是我坦诚地告诉这个学生，我也不知道可不可以，不过大家应该自己去尝试。晚饭后，我自己回忆了半天，一点儿思路都没有，指尖上应该如何操作乘以8的运算呢？

1985年11月16日　　星期六　　阴

这个叫魏楠的孩子让我惊讶，他真把乘以8的指尖乘法摆弄出来了。仍然是双手10个指头，乘以8的那个数如果是4，这个指头摁下去后，跟着再摁4个指头，左手剩3个指头，右手剩2个指头，真的就是32。我让他讲给同班的其他同学，大家尝试了所有乘以8的数字，都是正确的。接着我发动所有学生，一起把乘以7的指尖算法做出来，不到15分钟，朱晓庆同学就做出来了，后来乘以6、乘以5也都完成了。

希望你还记得第 2 回合中指尖上的那些数学动作，我们一起来回顾一下。

- 一位数乘法中，任何乘以 9 的算法都可以通过两只手表示出结果。
- 在一只手上数数，可以来回一直数下去。

利用手指对孩子的好处有如下三点。

- 手指活动对大脑细胞的发育、活跃会起到促进作用。
- 手指活动能够激发孩子学习的兴趣。
- 手指活动能够降低孩子学习新知识时的恐惧感。

你在本回合开篇看到的日记，正是来自 29 年前我在北京师范大学附属实验中学教书时辅导小学奥数班的经历。当时，利用手指头的学习就已经得到了拓展（见图 6–1）。

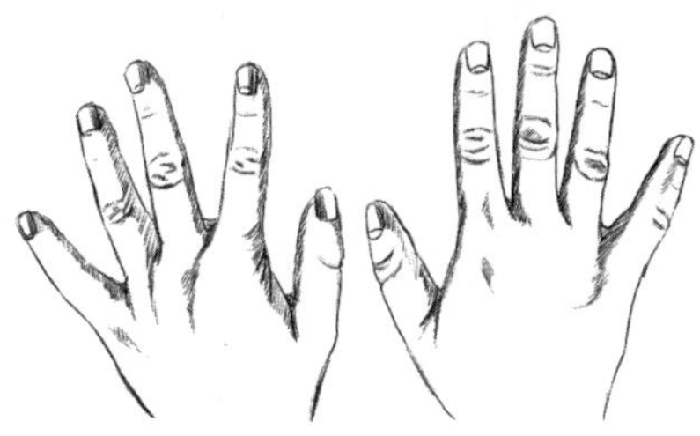

先伸出双手，展开十指

图 6–1（1）

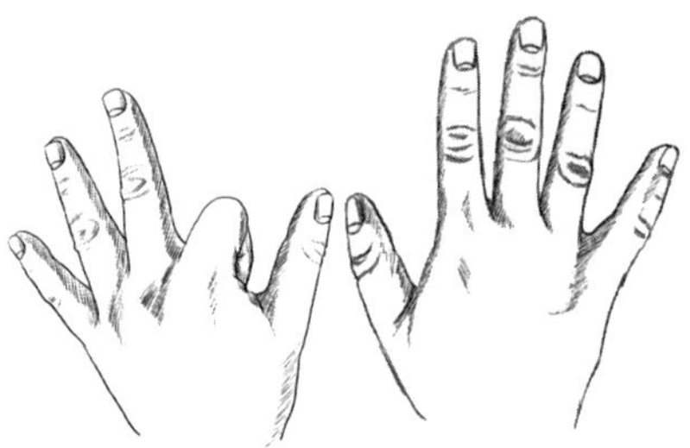

数到第 4 个手指头，弯下去

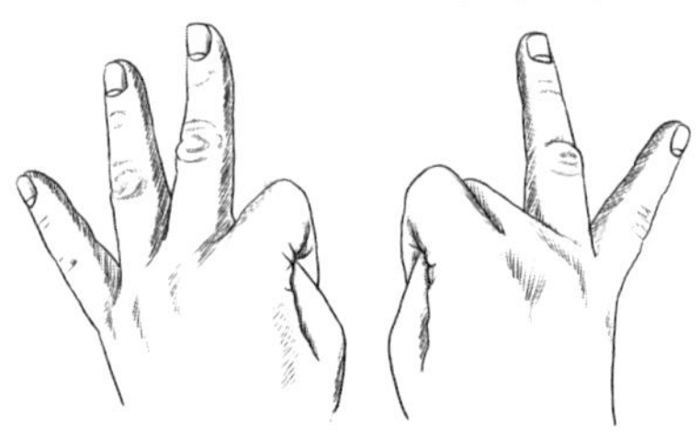

在第 4 个手指头的右边再弯下去 4 个手指头

图 6–1（2）

这就是 4 乘以 8，弯下去的手指头左边是 3，右边是 2，所以就是 32。

乘以 8 与乘以 9 不同的地方有两个：第一是弯下手指头的数量不再是一个；第二是当弯下的手指头不够时，需要从左手的手指头中减去这个数。

如图 6–2、图 6–3 所示，操作一下 7 乘以 8。数到第 7 个手指头，弯下去，接着在第 7 个手指头的右侧继续弯下去 7 个手指头，但右侧只剩 3 个手指头可以弯下去了，那么还应该弯下去 4 个手指头。第 7 个手指头左边有 6 个手指头，就是 60，减去还应该弯下去的 4 个，就是 60−4 = 56。

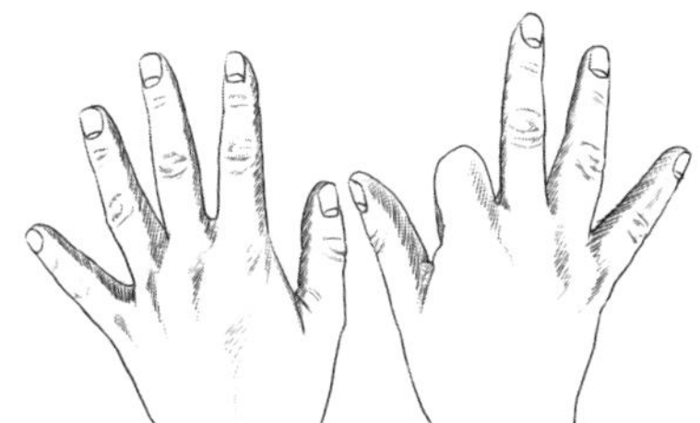

从左边数到第 7 个手指头弯下去

图 6-2

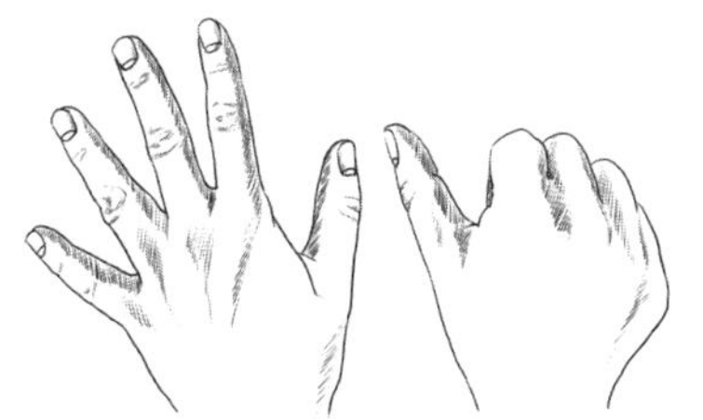

在第 7 个手指头的右边再弯下去 7 个手指头

图 6-3

别看说出来一下就明白了，但在没有想到之前，要自己突破头脑中多少封闭的门啊！这才是创造性火花的闪耀，才是兴趣激发的瞬间，才是灵感降临后的喜悦，才是最深厚的激励，让孩子产生自信，并驱动他的思想走得更远。这个突破胜过加了 100 次油的汽车，可以让孩子在探索的路上走得很远。

我曾走过 12 个国家，每到一个国家都要去当地的图书馆查阅一些数学著作，包括英国国家图书馆、美国纽约州立图书馆等。我阅览过的数学方面的英文版图书超过 200 本，但都没有找到关于乘以 8 的手指算法的记载。这次本书中详细讲解的指尖乘法，应该属于罕见的内容了。

美国纽约州立图书馆的一本数学书中提供了另外一种手指算法，但我们需要先回顾一下乘以 9 的手法：以 3 乘以 9 为例，弯下去的手指头左边剩余 2 个手指头，右边剩余 7 个手指头（见图 6–4），所以结果就是 27。也就是说，左边的手指头数应该乘以 10，右边的手指头数当作个位就可以了，即 $2\times10+7=27$。

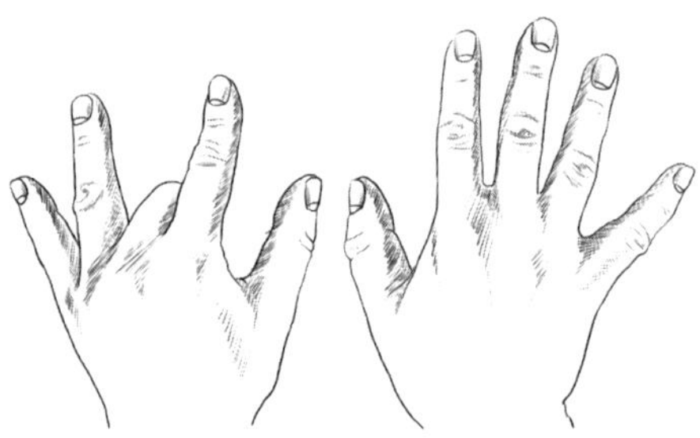

从左边数到第 3 个手指头，弯下去

图 6–4

其中，我们把左边手指头乘的这个 10 当作基础标杆。这个标杆来自 10 个手指头，计算的目标是乘以 9。如果是乘以 8 的话，应该用 9 个手指头，基础标杆就应该是 9。让我们来尝试一下：如果是 4 乘以 8，起始是 9 个手指头，那么从左到右数到 4，把这个手指头弯下去，左边剩余 3，右边剩余 5；左边的 3 乘以基础标杆 9，就是 27，用这个 27 加上右边剩余的 5，就是 32。

这个手法在计算的时候有一个前提条件，那就是乘以 9 的计算结果已经掌握得非常熟练了，这样左边剩余的手指数乘以 9 的时候，就会立刻在脑海中出现一个数字，然后加上右边剩余的手指数，得出答案。

人类有记载的数学活动基本上来自计算、数数、清点，而早期最方便的工具无疑就是手。当然，玛雅人还用过脚指头呢。印度人还有另一种计算 6 ～ 10 之间任意两个数字相乘的手指算法，是我在一本英文版的数学科普读物上看到的，也在这里介绍给大家，用于调动孩子参与的积极性，激发他们的兴趣。

请看图 6–5 所示的 6 乘以 8 的情况：左手的 6 对应右手的 8，对应 6 和 8 的两个手指及下面共有 4 个手指头，就是 $4\times10=40$，这两个手指的上面，左边有 4 个手指头、右边有 2 个手指头，$4\times2=8$，所以 $40+8=48$。

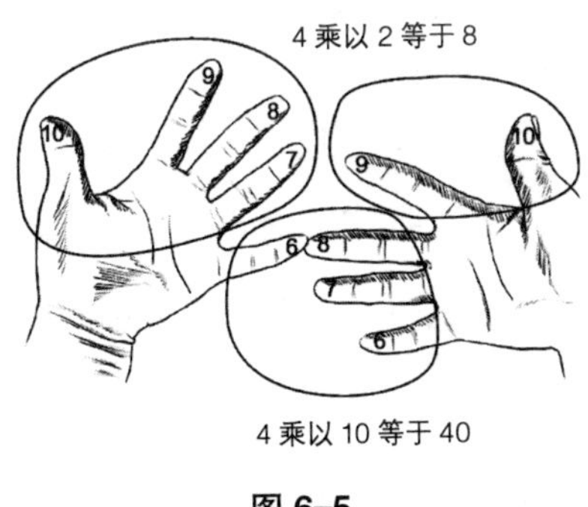

图 6–5

再看一下 7 乘以 9 的情况（见图 6–6）。左手的 7 对应右手的 9，对应

7 和 9 的两个手指及下面共有 6 个手指头，就是 60。这两个手指的上面，左边有 3 个手指头，右边有 1 个手指头，相乘就是 3，然后 $60+3=63$。

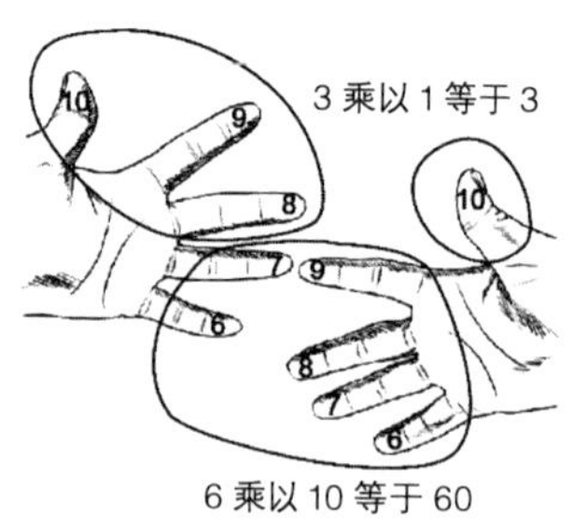

图 6–6

孩子从 5 岁起就已经具备用手指计算的意识了，同样，在学习加法的过程中，他们也非常熟悉手指这个工具，可以通过清点手指来找到加法的答案，当然，也可以找到减法的答案。我们在第 2 回合中已经介绍了利用手指数数的办法，不知读者朋友们是否在自己孩子身上应用过。如果试过，你可能会观察到孩子的如下反应。

- 孩子有兴趣轮流去数。4 岁左右的孩子应该可以数到 50。
- 此时如果提问 40 落在哪个手指上，孩子的表现应该是重新数数，并找到数到 40 时的那个手指。
- 跳数 1、3、5 时，孩子应该知道这些数字都落在大拇指、中指、小拇指上；跳数 2、4、6 时，孩子会明白这些数字都落在食指和无名指上。如果接着问 199 落在哪个指头上时，孩子大概能够猜出只能是那三个手指中的一个。

- 增加难度后，孩子可能会懈怠，需要妈妈想办法激发孩子的兴趣，比如可以说："我不用数就知道 40 落在食指上。" 这样孩子可能会验证一下，然后就觉得妈妈一定有神秘武器。还可以进一步给孩子展示规律的威力，比如可以说:"我也不用数，就知道 90 落在食指上，100 落在无名指上。"

能运用规律，才是指尖上的数学在激发孩子兴趣后要实现的真正目的。那么，规律究竟是怎么来的呢?

现在，妈妈可以陪孩子把指尖数数的游戏玩出新花样了。

- 增加一个手指头，重复往返数数的步骤，重新考察 1、3、5、7……落在哪里。
- 重新考察 2、4、6、8……会落在哪里。
- 重新考察 189 会落在哪里。

关键在于启发孩子寻找规律，从而激发孩子去验证，进一步产生好奇心，然后主动去探索，渐渐揭示出规律来，并在下一次活动中运用这个规律。

对孩子来说，指尖上的数学并不是登堂入室的学术任务，而是启迪心智、启发思维、启动乐趣的探索过程。对 12 岁以前的孩子来说，他们的脑力还不足以掌握复杂、高深的理论及公式，但他们的智力完全可以进行多种形式的变换。调动孩子参与这些不同形式的计算、数数和清点吧，这些都是这个年龄段大脑发育最合适、最贴切的活动。

德国著名数学家卡尔·弗里德里希·高斯生于1777年，拥有“数学王子”的美誉，与牛顿、阿基米德一同被誉为有史以来最伟大的三位数学家。在成长过程中，高斯主要得益于自己的母亲及舅舅，这两个人都极其富有智慧。可以说，在数学史上，很少有人能像高斯一样，幸运地拥有一位鼎力支持自己成才的母亲。高斯从小就对一切现象和事物充满好奇，在探索的过程中总免不了会超出一个孩子能被允许的活动范围。每当父亲因此而训斥他时，母亲总是支持他，母亲十分珍视他的才华。

高斯9岁那年在学校上课时的表现成了后人世代传诵的佳话。当时老师觉得教室里太闹，索性出了一道题，试图让孩子们静下来，自己好消停片刻。题目是这样的：从1加到100，结果是多少？教室里确实安静下来了，但不到两分钟，高斯就脱口而出：“5 050！”老师心想，答得那这么快，肯定不对，于是顺口就说：“重算。”高斯答：“从1加到100，用1加上100，再用2加上99，都是101，一共有50对儿101，就是5 050。”老师愣住了，接着高斯又说：“也可以这样，排两列1到100，其中一列从100排到1，这样就是100

高斯
（C. F. Gauss, 1777年4月30日—1855年2月23日）

对儿 101，也就是 10 100，这个数的一半就是 5 050。”高斯用了两种形式，灵活、多变、快速地算出了从 1 到 100 的和。

这个故事是我妈妈讲给我的，听了以后，我自己在纸上用高斯的方法计算了一次，验证了他的计算是正确的，然后才开始在脑海中品味算法的灵活性。这个算法并不是要让孩子掌握数列、数列之和，或者死记硬背什么算法公式，而是启发孩子扩展思考的边界，不一定遵循 1 先加 2，再加 3，然后是 4、5、6……这样的次序，完全可以跳跃，可以重新组合，甚至可以增加一列数来补充，记着算完后减去一半就可以了。

训练灵活性是孩子 12 岁之前最需要的脑力活动。手指头在生理上会刺激大脑的部分区域，而它本身也确实是一种工具，可以用来计数，是灵活性训练的一种途径。衡量 1 岁孩子智力发育状况的标准之一，就是看孩子的大拇指与食指能否捏合拿起细小的物品，如果可以，就说明他大脑细胞发育的边界正在扩张。同样，对 4 ～ 6 岁的孩子来说，手指头的活动，如清点、计数都能够激发灵活性，而不要教条、僵硬地按照老师说的一切去模仿。

这才是这本《妈妈教的数学》的意义。老师没有时间进行这样的教育，妈妈有！老师没有足够的爱心和耐心去启发孩子，妈妈有！老师可能没有学过数学教育中的心理变化，妈妈看了这本书就可以学会了。老师也许缺乏方法，而这本书就向妈妈们揭示了这些方法。灵活多变、形式活泼、有动作、有行为、能参与，这样的活动过程会在孩子的心里渐渐扎根，并萌发好奇心、新奇感和探求的动力。

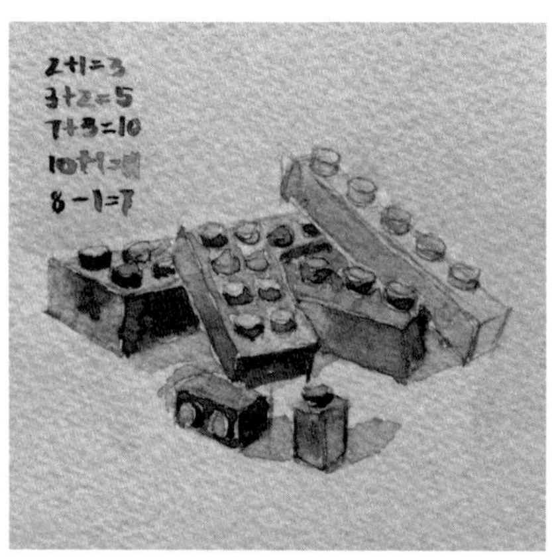

我从小记忆力不好，但对乘以 2、除以 2 非常熟悉，于是我妈妈教给了我另一个窍门儿，至今在国内的奥数教材中都没有出现过，我也只在小学奥数班上讲过，请看图 6–7。

17 × 234=?

	左边	右边	
	17	234	
除以 2	8	468	乘以 2
除以 2	4	936	乘以 2
除以 2	2	1872	乘以 2
除以 2	1	3744	乘以 2

图 6–7

眼前的题目是 17×234 =？写上左边、右边，中间画一条线，然后把 17 写在左边，234 写在右边。然后开始第一行，左边用除法，当然是除以 2，不用考虑 17 除以 2 所得的余数，直接写 8 就可以；右边用乘法，当然是乘以 2。

接着是第二行，左边继续相除，右边继续相乘。直到除到最后只剩 1，再用线把左边是偶数的行划掉。最后看到右边剩下了两个数，一个是 234，一个是 3 744，把这两个数相加就是答案了（见图 6–8）。

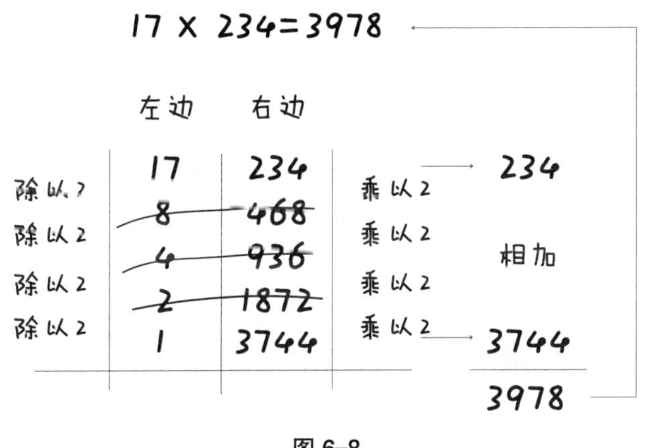

图 6–8

这种算法的好处是仅仅用到了乘除 2，而不涉及任何其他数的乘法和除法，而且其中有更多可参与的活动，与目前学校教育的方法完全不同。对于乘法，可以提供给孩子竖式算法、格子算法，还可以提供这个我称之为“二号算法”的方式。无论是两位数乘两位数，还是三位数乘三位数，都可以。

我在美国纽约州立图书馆中一部叫《法老时代的数学》的书里查到了这个方法，是古代埃及人在 4 000 多年前记载的。那个时候没有九九乘法表，也没有发明出什么乘以 3、乘以 7，仅仅依靠乘除 2 的运算就完成了所有数量之间的相乘，绝对智慧。

指尖上的数学有足够的空间引导孩子参与，并培养快乐的体验。所有的快乐来自不同的计算方法，却都能够得到相同的结果，多么神奇，多么奥妙，这是无穷的宝藏。妈妈给孩子指出获取宝藏的途径，孩子积极主动地去探索，一生也就充满了实践、满足和快乐。

这一回合所讲的事情中，妈妈可以做的有很多，我就不单独提供额外的建议了。用好自己的手，审视手掌、手指，这是苹果公司创始人乔布斯的习惯。通过长时间的审视，乔布斯才下定决心要用手指替代鼠标——那灵动的触摸屏是多么美妙的体验！

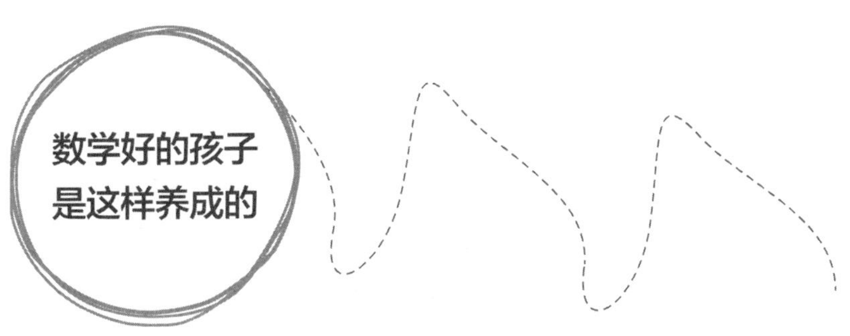

重要的不是做正确的事，而是要在正确的时间做

潜能型儿童大都有一个共同的表现，那就是在数感方面反应极快。比如，看一眼楼梯，不用一一清点，就可以说出有多少级台阶，或者看一眼散落在地上的树叶，就可以说出有多少片，即使不是非常准确，也不会差太多。这样的表现源自大脑的两个功能，一个是意识功能，一个是比较功能。意识功能会让儿童自发地做出某个动作，推动儿童的大脑完成识别“眼前的同类物品有多少个”这样的任务，不需要别人命令，也不是老师布置的作业，就是意识在驱动，本能就会去完成的动作。比较功能就是与之前见过的事物进行对比，比如大小的对比、颜色的对比，进一步就是数量的对比。这两个大脑功能可以同时发挥作用，瞬间启动工作，让孩子见到一堆物品就难以抑制地想要弄清楚有多少个，并动用大脑中已经具备的能力整理出一个数量来，这就是开窍。潜能型儿童都具备一个已经开过窍的大脑，而且是多种大脑功能都开启了，激活了，并且形成了协作效应。

手指是激活大脑多功能协作的一个外界途径。大脑的功能与肢体的功能有相同之处，也有不同之处。相同之处是都可以通过设计好的方式来激发和提升。不同之处是肢体功能看得见，而大脑功能不能被清晰地看到；肢体的训练可由外部行为支配，而大脑功能的训练只能通过视听的方式来调动。视听以外，就是手指。中国俗语说“十指连心”，指的并不是连接心脏，而是连接古人认为有思维功能的“心”，其实就是大脑。手指是大脑功能通过中枢神经系统连接的一个外部控制器，因此可以起到激活大脑功能的实际作用。

婴儿从很小的时候起就会用手指紧紧地抓握一些物品，尤其是妈妈或爸爸的手指，而且抓握的力量很大，那是大脑获取安全感的一个重要通路。这种抓握行为就是儿童早期潜能的一个表现，说明大脑里的中枢神经系统已经开始形成稳固的连接通路，并能激发大脑的多个功能对抓握动作进行协调与反馈了，比如这个时候，婴儿的眼睛会紧紧注视着你，有时还配合着腿脚蹬踹的动作；稍微大一点儿的孩子在抓握的同时还伴随着咿呀自语，试图表达；再大一点儿的孩子，能够使用手指配合抓拿物品时，就会出现大量的抓拿动作，比如搬挪积木，揪拽被子、枕头、衣服、沙发靠垫等物品，这与小猫在长大过程中用爪子抓挠沙发表面的行为一样，都是通过手指的控制和行动去感受外部世界的物品，并通过来自手指的触感形成丰富的神经元活动，带来广泛的神经连接，起到激活大脑多个区域的作用。也就是说，儿童从出生起就已经能够通过手指的微小动作来激发大脑的发育了。

接着就是各种与手有关的活动了，比如扔勺子、开合抽屉、推拉门、拍打光滑平面的物体、从盒子里把东西一件一件地都拿出来再放回去……不厌其烦，反反复复，这些都是大脑通过中枢神经系统指挥手指来达到目的的过程，也就是大脑开窍的过程。这类行为发展到后期就是对数量的感觉了，用手指对应着物品清点是最原始、最本能也最符合大脑认知数量规律的行为。掰手指头数数的行为如果做得不够，孩子的大脑就不能形成稳固的意识层，也就不会出现开窍的第一步，因为意识功能的原发动力得不到建设，也就失去了数感形成的大脑地基，自然也就不会形成对数量的认知，第二个功能根本就没有启动，一点儿活跃的痕迹都没有，就像沙滩上留不下任何种子，道理是一样的。

从这个规律出发，家庭中父母应该落实大量与手相关的活动，为孩子创造使用手尤其是使用手指的机会。抓握、推拉、拍打、拍手（包括自己拍和跟别人拍）、拍腿、扔投、接握、手指画、翻绳儿、使用筷子、拼搭积木等，这些都是通过手指激发潜能的活动。有大量这类活动做基础，孩子的数感就是充足的，智力是灵活的，大脑功能齐全，等他上学后，才能成为真正的潜能型儿童。其实，这根本不是与生俱来的潜能，而是由充分的、有设计的幼年生活经历铺垫造就而来的。

如果父母能够把关注孩子数学作业的那份精力拿出 1/4 来用于在孩子的幼年阶段有意识地落实手部的各种活动，那么当孩子真正需要展现数学能力的时候，会有 4 倍以上的超级表现。**这就是正确的时间做正确的事情，与不正确的时间做正确的事情相比，会有事半功倍的效果，尤其在儿童大脑发育的关键阶段，更是如此。**

幼儿园期间，就应该鼓励孩子使用手指协助自己清点数量，并通过色子一类的工具将孩子对数量的感觉渐渐从手指转移到物体上。色子有 6 个面，是对自然状态下三维空间的最好体现，而且每个面都有点，点的数量不同，每一次抛起、落下、停止后，朝上一面的点数可能都不同，这是天然的数量对比条件。借助色子，父母就可以跟孩子一起落实一系列的活动，比如，你扔一次，我扔一次，你得到的点数与我得到的点数比较，谁的大谁就赢，赢的人可以哈哈大笑一次。就像这样无比简单的活动，就能够全面激发孩子大脑中三个功能的联动，分别是视觉聚焦功能、点数识别功能和瞬时记忆功能。第一个功能可以培育孩子的专注力，第二个功能可以让孩子形成强大的数感基础，第三个功能可以激活孩子大脑皮层边缘区域的神经元，并将其作为临时存储区域自由使用。三个功能独立发展、协同工作，这样的孩子会有聪明的表现，大家通常认为这样的孩子天生聪慧，但实际上，这很大程度上是后天潜能塑造的结果。

如果孩子上小学前没有做过这些活动，那么，就要用上这一回合中的活动了，鼓励孩子通过使用手指的方式来理解乘法，理解手指上的数量变化，并体会其中的感觉。

开窍就是人们对某个事物突然有一种恍然大悟的感觉。“哦，我明白了。”这时才是真正明白了。现在很多孩子其实都没有体会过这种感觉，都是被动地被灌输了大量已知的内容，并变成一种习惯。如同人工养殖的鸭子，不用自己找食物，被人拎起脖子，用管子塞到嘴里，打开开关，灌5秒，结束。

开启智力的窍儿，需要孩子自己较长时间的参与、琢磨和思索，如同徘徊在门前，突然想到一个方法，结果真的就把门打开了。这一回合增加了更多指尖数学的玩法，本意就是增加更多的活动，试图让孩子从活动中去悟、去体验，并感受到一种规律性的内核。

大多数读者阅读这一回合的内容，都将注意力放在了如下4个方面，其中，哪个方面最多？

（按关注度从高到低排序）

A. 这么频繁地使用手指好吗

B. 那个数数的题目到底落在哪个手指头上啊

C. 这些玩手指的法子背后原理是什么啊

D. 这些玩法都是从哪里来的

（参考答案见全书末尾）

多少度是发烧

◎我妈妈做的事情其实很简单，就是由“37 摄氏度”联想开去，进行有关联的解释，这样孩子的脑海中就能不断地想这件事。

◎儿童心理学在谈到记忆力的时候有这样的解释：对一个事物的记忆来自头脑中对这个事物的注意力集中时间，注意力集中的时间越长，对这个事物记忆的时间也就越长。

妈妈教的数学

1973 年 3 月 7 日　　星期三　　阴天

今天我 10 岁了！妈妈蒸了一个馒头给我，这个馒头上有字：3+7=10。今天就是 3 月 7 日，3 和 7 加起来就是我今天的岁数，真有趣。我舍不得吃这个馒头，最后爸爸让我快点儿吃，我才吃完了。

1973 年 12 月 31 日　　星期一　　晴，冷

明天是新年，我就 11 岁了，妈妈让我用 0、1、2、3、4、5、6、7、8、9 这 10 个数字进行加减乘除，列出一个等式来告别 1973 年。结果是这样的：123+50×(6×7-4+8-9)=1973，而迎接 1974 年的等式是：987×(6-5+4-3+21×0)=1974。妈妈让我记得以后每年都做一个。

今天回顾10周岁生日的这篇日记，我真恨自己，为什么就写得那么短呢？多写一点儿多好啊！能够想象得出来，当时我妈妈应该还讲了很多很多，只可惜我的日记中全都没有记载。10周岁生日应该算是比较重要的日子，我却没有详细地记录。不过，在我记忆深处有关3、7、37的记忆的确都是来自10周岁生日这一天。你来看看这个等式：

$$777\div(7+7+7)=37$$

这个神奇的等式就是那天留在我脑海里的。不光这个，你再看这些：

$$999\div(9+9+9)=37$$

$$888\div(8+8+8)=37$$

$$666\div(6+6+6)=37$$

后来，我自己得出了更多的结论，好像37能表现出来这种特点的根本原因是$37\times3=111$。所以，以上的999、888、777……不过都是111的倍数，而其实111本身也可以这样写：

$$111\div(1+1+1)=37$$

把1都换成7当然也对，都换成9或者4也是一样。这样一来，那个神奇的等式就变成了如此简单的等式，我也体会到了数学表面不同而背后蕴藏的更加美秒的根源。

当我乐此不疲地把有关我生日的数字颠来倒去地计算时，我并不知道自己正沉浸在古代数学家的研究成果中，也不知道自己其实在重复着历代数学家、哲学家们已经反复咀嚼过许久的内容。“数学”这个词很有意思，拆解开来先是“数”，然后是“学”。“数”这个字的含义极其广泛，可以是数量、数字，也可以是动作，比如清点。数数可以是数牛、数羊，也可以是数自己的手指头。“学”的意思则比较容易理解，那就是重复、模仿，深入一点就是对更多的事物进行分类，然后比较它们之间的区别，这就是研究了。“学”的对象可以是数、量，可以是字，可以是数与数的关系，也可以是“数”这个行为的过程。

中文里还有更多说法，比如，“算术”的意思就是算的技术。“算”就是对数字之间进行加工的过程,只要涉及过程,那就是技术。还有“计算”这个词，意思就是计量，把不同的量进行标示，并保存下来。算还是加工过程，把加工过程保存下来就是计算了。

“数学”“算术”在英文中对应的词分别是“mathematics”“arithmetics”，意思就是针对量进行清点。数学这门科学起源于清点、计数、比较和加工，如果孩子能够充满兴趣地投入，去摆弄数字，用刚学到的加法、减法、乘法、除法进行反反复复的操作、参与、体验，用自己的行为来体验历代数学家、哲学家们做过的事情，这不就是科学精神吗？

我的妈妈给我打开了一扇门，没有多么严肃的事先声明，而只是做了这么一件简单的事情——从我的生日这个数字开始，让我站在了一条路的起点，而“走下去”这个动作竟然是我自觉自发或者说是不知不觉的行为。如今年过半百，我才深刻理解了，妈妈给我的不是学校老师教的那些知识，而是追求知识的动力，是追求知识的乐趣，是追求知识的兴奋。

遗憾的是，在我以后每年的新年日记中都再也没有找到类似的记录。这些等式都不是教科书中记载的，也从来没有在学校教育中被要求过，它们都留存于生活的瞬间，也许曾在脑海中停留过短暂的时间，但都随着岁月的流逝而消失了，而能够留在脑海中无法泯灭的是探索数字之间运算的过程，这个过程让我熟悉了运算，了解了颠来倒去对运算结果的影响——加法不受前后次序变化的影响，乘法也不受影响，减法和除法则会因前后数字的不同而变化。

通过回顾 1973 年、1974 年这两年的日记，我看到更多的就是妈妈用各种不同的形式、事件、活动来激发我探索、尝试、实践，并让我在所有这些活动中建立了自信，使我不再害怕数字，不再害怕运算符号，不再害怕长长的等式，也让我对数字更加熟悉、亲切，在脑海中扩展了足够的空间来记住阶段性的运算结果。

1973年9月25日　　星期二　　小雨

今天我发烧了，没有上学，医院的阿姨给我量体温，说是39度。妈妈让我坚强，所以打针才没有哭出来，其实我很疼很疼的。回家的路上妈妈说，如果是37度，就不用打针了，还说37就是我出生的日子。我的生日是3月7日，我一定要回到37度，就不用打针了。

直到上了中学，我还以为每个人的体温应该是不同的——生日不同体温当然应该不同。看到这段日记我才知道，自己的这种认识原来是出自这里。我好奇的是妈妈为什么讲37摄氏度的时候要说就是我的生日呢？我想她的目的应该是想让我记住这个数字吧，37摄氏度是体温数，用我出生的日子来记住，这也是一种帮助我记忆的方法。

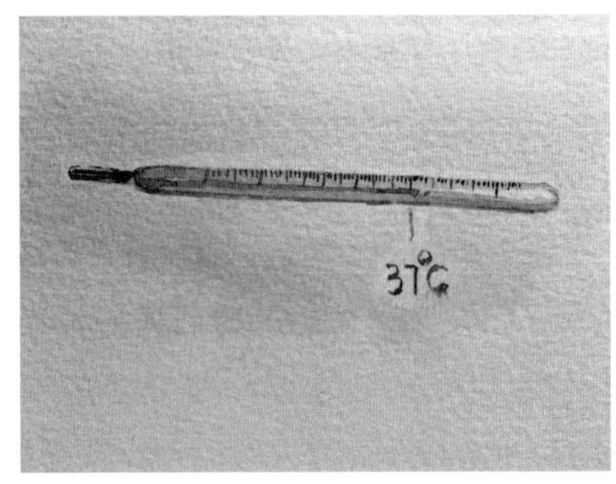

儿童心理学中谈到记忆力的时候有这样的解释：对一个事物的记忆来自头脑中对这个事物的注意力集中时间，注意力集中的时间越长，对这个事物记忆的时间也就越长。

我妈妈做的事情其实很简单，就是在“37摄氏度”这个事物上联想开去，进行有关联的解释，这样孩子的脑海中就能够不断地想这个事物，在这个事物上用的思考时间延长，延长的结果就是对这个事物的记忆加深。

1973年3月19日　　星期一　　晴

今天放学回来妈妈不在家，我和楼下的小朋友学下五子棋，输了好几盘，最后一盘我快赢的时候，妈妈回来了叫我回家。妈妈问我那个棋盘上的格子是什么样子的，幸亏我记了一下，是正方形的，每边都有19个；棋子是下在点上的，有361个点。

今天回顾这些日记片段，我才知道自己对围棋棋盘的熟悉源自我10岁的时候。如果不是妈妈每次都问我这、问我那，我可能真的不会主动去关注那些细节。但只有熟悉了细节，对全局的情况才更有把握。

1974 年 3 月 7 日　　星期四　　阴

今天妈妈让我用分数算 1 除以 3，还有 1 除以 7。我算的结果是三分之一等于 0.33333……一直下去。三分之二就是 0.666666……一直下去。最好玩的是七分之一，算出来是 0.142857，然后这 6 个数就开始重复了。七分之二算出来还是这 6 个数，就是前后位置变了，是 0.285714。我猜了一下七分之三，然后一算，真的就是 0.428571。后面的没算。

从七分之一到七分之六的结果，我到现在都可以不假思索地说出来，根源一定就在我 11 岁生日那一天发生的事。数字是数学的基本材料，玩弄数字到了极致，就形成了数论，数论是数学科学的基石。读者朋友们，培养起孩子玩数字的兴趣吧，让他们看到不同过程中的变化、不变，以及奇怪的对称、巧合，这些都是激发孩子脑海中火花的灵感之源。

为了强化我的记忆，妈妈列举了不少可以让还不到 10 岁的我十分惊讶的东西，比如：

1 × 9 = 9

2 × 9 = 18

3 × 9 = 27

4 × 9 = 36

5 × 9 = 45

6 × 9 =

7 × 9 =

8 × 9 =

9 × 9 =

妈妈提醒我看结果的第一列数字，是 1、2、3、4，而最后一列的数字是 9、8、7、6……于是我就开始猜，接着应该就是 54、63、72、81，妈妈肯定地点头。然后她进一步提示我，看看还有什么规律。当时的我其实不明白“规律”这个词是什么意思，又不知道其实自己是不懂“规律”这个词，所以肯定就无从做起。妈妈又提示了我一下：“你看 18 这个数，1 加 8 等于多少啊？”不用思考，“9 啊。”我回答。“那么 2 加 7 呢？就是第三行。”“9。”接下来不用她说了，我快速扫了一眼就知道了，都是 9。

随后我自己做了 10 乘以 9、11 乘以 9、12 乘以 9……直到 100 以内所有数去乘以 9，然后把所得结果所有位数上的数字相加，加到最后都是 9。接着妈妈提示我：“如果你看到一个数，比如 837，你觉得它是不是 9 的倍数呢？”我快速加了一下，这三位数字相加是 18，再加就是 9，所以我说应该是。妈妈让我自己算一下，果然，算出来就是 93 × 9。不用妈妈再说，以后我看到一个数字，就会快速加一下，如果最后是 9，就说明这个数肯定能够被 9 整除。其实，这就是数学中的猜想，对孩子来说，证实猜想的方法就是做实验，没有例外。而对于真正的数学来说，则必须证明，那就要求具备初中代数的知识才能够完成了。

孩子可以不理解“规律”这个词，却能充分理解“窍门儿”这个词。对儿时的我来说，可以快速判断一个数是不是能够被 9 整除，这就是窍门儿了，掌握了窍门儿，就可以经常露一手儿了。等别的同学表示惊讶、感慨的时候，我心里的得意和自豪就油然而生了。接着，等一些同学也知道了这些窍门儿之后，我已经努力去想新的窍门儿了。于是任何数乘以 3 的结果的窍门儿也让我找到了，乘以 5、乘以 11 我也都渐渐发现了。

在北京师范大学学习儿童心理学时，我学到了“mathematics”这个词。在拉丁语系中，这个词就是计数、猜想的意思。妈妈让我参与的活动其实就包括了 4 个阶段，这 4 个阶段涵盖了人类思考方式的次序：大量的实践，实践中观察，观察后猜测，猜测后验证。牛顿的万有引力理论就来源于对身边诸多现象的观察，尤其是对前人伽利略留下的大量数据的观察。在此基础上，牛顿形成了一些猜测，通过对自己的猜测进行检验，并试图用严谨的方式来论证，从而形成了体系化的理论。

但这些理论对孩子来说都太伟大，也太遥远了。对孩子来说，最直接、最贴近的例子就是自己观察那些乘以 9 得到的数字，然后尝试去猜测、去验证，进一步推广尝试，并形成自己脑海中的结论。从记忆、理解、运用这三个方面来看，这样的过程比从学校老师那里学习的效果要好得多，记忆的时间更长，理解得更加透彻，运用得更加熟练。多数孩子都是在学校里由老师教授这些被 9 整除的规律，这是被迫、被动的，没有植根在脑细胞中，随着一夜的睡眠，也就烟消云散了。

后来我对数字的兴趣越来越大，妈妈给我玩的数字也越来越大，她总是给我出各种挑战，比如 7834968 这个数是不是能被 9 整除？我就在心里把每个数加起来：$7+8+3+4+9+6+8=45$，然后 $4+5=9$，这个数肯定能够被 9 整除。于是我养成了一个习惯，只要看到数，就把每个数字都加一遍，比如，看到 19 路公共汽车，就会想：累加的结果是 1；看到 37 路，我感觉特别亲切，可累加的结果也是 1。直到有一天……

1973 年 3 月 31 日　　星期六　　晴

妈妈终于告诉了我这个秘密，她可以快速发现我做的乘法是对的还是错的。今天的作业有一道题是：47 × 83 = 3891。妈妈看了一眼，就说错了，让我检查，检查的结果真的错了。我写了一个数 3901。妈妈看了一眼说，对了。妈妈实在是太快了！她根本就没有做乘法，而是这样做的：首先，她把 47 这个数分解成了 2（4 + 7 = 11，1 + 1 = 2）。然后，把 83 这个数也分解成了 2（8 + 3 = 11，1 + 1 = 2），接着 2 × 2 就是 4。

最后她把 3891 这个数同样分解了一遍，就是

3(3 + 8 + 9 + 1 = 21，2 + 1 = 3)，4 与 3 不一样，所以结果错了。

而对后来我做的那个结果 3901，我也分解了一次，真的是

4 (3 + 9 + 0 + 1 = 13，1 + 3 = 4)

以后我就知道怎么样快速地自我检查了。以前妈妈检查我的作业总能那么快，这个窍门儿我可得记着了。

看了这一天的日记，我想起我在检查儿子作业的时候就经常使用这个方法，不过我不知道这个方法是怎么来的，我在北京师范大学数学系上学的时候也没有学过这个方法。但是这个方法真的很巧妙，首先是速度快，其次是变换了一个方法来验证自己做题的结果。作为妈妈的你，如果真的曾经检查过孩子的作业，就会知道检查一遍这种两位数的乘法题有多费时间，除非使用计算器。可是孩子看你用计算器，心里多不平衡啊！肯定会想，就知道逼我做题，你自己还用计算器。可不用计算器吧，自己口算又不熟练，想到这儿，我心里对妈妈的敬仰之情就如江水、海水般泛滥了起来。用上这个法子，简直太牛了。

其实，后来我把这个法子进一步简化了。比如 3891，这里面能够凑成 9 的有 8 和 1，还有一个 9，直接就划掉了，剩下的数字加和最后

得到的就是 3。而 3901 这个数呢，有一个 9 直接划掉，剩下的 3 和 1 加起来就是 4，这样更快，连中间多弄一次 21 和 13 的步骤都不用。下面我会多举几个例子，让读者朋友们充分理解一下。

23×39 = 897，快速扫一眼，看看对不对。

你的脑海中应该是这样的次序：23 的数字加和是 5，39 的数字加和是 3，5 乘以 3 是 15，15 的数字加和是 6，897 的数字加和也是 6，所以答案正确。只要数字加和不等，结果肯定不对。

再尝试一个：278×845 = 233910

尝试自己按照步骤来做：278 的数字加和是多少？ 845 的数字加和是多少？以上两个数的乘积是多少？ 233910 的数字加和是多少？第 3 步的数与第 4 步的数一样吗？自己动手算一下，然后再用这个方法验证一下。

有些妈妈看了这一段，给我写邮件，问我为什么。我在这里就不进行数学论证了，作为数学专业毕业的学生，论证这个很容易，可是讲给妈妈们却不容易，我也不打算在这里破坏我自己的写作意图。我的意图就是你掌握了就可以了，就能够让孩子觉得你神奇了；孩子自己也会努力掌握，觉得自己超级厉害，在同学中也比较自信、得意、自豪。如果你真的执着地想知道背后的原因，那就给我写邮件吧。

关于小学时光，我记忆中的许多事情都与数字有关。比如，我是1963年出生的，如果加上我的生日数字37，那就是2000。我以前一直觉得我到2000年就会死掉，结果辛辛苦苦熬过来了，就觉得自己挺幸运的。我知道1963是一个素数，爱因斯坦生于1879年，1879也是一个素数。这就与我另外一天的日记有关了。

1974年3月14日　　星期四　　晴

妈妈说今天是爱因斯坦的生日，这一天也叫"P i 日"。他是德国犹太人，他的生日就是今天，可以写成3.14。妈妈还说爱因斯坦是十五点零九分出生的，所以可以接着写就是3.14159。妈妈说过两天还要问我爱因斯坦的生日。

我到今天半百的岁数，仍然能够脱口而出 π 的数值3.14159，根本原因应该就是这一天是爱因斯坦的生日。

妈妈借用生日引发了我对数字的好奇，引导我对数字进行各种方式的探索，让我熟悉数位，并练习心算各种个位数的加法，从而让我对9、3、5、11的倍数都非常熟悉。等到学校老师讲的时候，我已经了如指掌了。老师让我来讲，我讲例子用的语言都是同学们熟悉的，当然就会得到同学们的掌声以及羡慕的目光。这促使我暗下决心，要跟妈妈学更多的窍门儿。感谢妈妈为我打开了这扇门。

在我三年级到六年级的这四年，我对数字、运算的各种窍门儿都已经融会贯通了。有的老师说我这都是旁门左道，然而实际上，我是掌握并运用了正确的方法。读者朋友们，你也可以用孩子的生日来激发孩子的兴趣，或者用以下这些内容来获得孩子的惊叹：

（一）

$1 \times 8 + 1 = 9$

$12 \times 8 + 2 = 98$

$123 \times 8 + 3 = 987$

$1234 \times 8 + 4 = 9876$

$12345 \times 8 + 5 = 98765$

$123456 \times 8 + 6 = 987654$

$1234567 \times 8 + 7 = 9876543$

$12345678 \times 8 + 8 = 98765432$

$123456789 \times 8 + 9 = 987654321$

注意，不能直接打印好给孩子看。在孩子面前，让孩子看着，你拿一张白纸，然后开始写第一行。你不能抄书，也就是说你必须让孩子知道你是自己边想边写出来的。写三行后，看看孩子是否能够跟着你写。如果不能，你就直接写第五行，把第四行留空，然后看孩子能否填写进去。如果还不行，就写第七行，继续给孩子机会去写。如果无法完成，就把这张纸留着，放在孩子接下来一周内都可以看到的地方。

（二）

$0\times 9+1=1$

$1\times 9+2=11$

$12\times 9+3=111$

$123\times 9+4=1111$

$1234\times 9+5=11111$

$12345\times 9+6=111111$

$123456\times 9+7=1111111$

$1234567\times 9+8=11111111$

$12345678\times 9+9=111111111$

$123456789\times 9+10=1111111111$

具体做法与第一题相同。主要目的就是启发孩子自己找到规律，并鼓励孩子自己去计算，验证一下是否正确。

（三）

$0 \times 9 + 8 = 8$

$9 \times 9 + 7 = 88$

$98 \times 9 + 6 = 888$

$987 \times 9 + 5 = 8888$

$9876 \times 9 + 4 = 88888$

$98765 \times 9 + 3 = 888888$

$987654 \times 9 + 2 = 8888888$

$9876543 \times 9 + 1 = 88888888$

$98765432 \times 9 + 0 = 888888888$

具体做法与前两题相同。孩子是否有兴趣？是否觉得惊奇？是否在你做的过程中参与说出你将要写的数字？是否能够自己创造出更多的新形式？

（四）

$1 \times 1 = 1$

$11 \times 11 = 121$

$111 \times 111 = 12321$

$1111 \times 1111 = 1234321$

$11111 \times 11111 = 123454321$

$111111 \times 111111 = 12345654321$

$1111111 \times 1111111 = 1234567654321$

$11111111 \times 11111111 = 123456787654321$

$111111111 \times 111111111 = 12345678987654321$

具体做法与前三题相同。这些题目不要在一天内都给孩子做，至少应该相隔一周。在一周内，还可以鼓励孩子重新在一张白纸上自己从头做起。

别忘了，孩子的生日是与他最有关系的数字，要找机会用上。当然，每年的年份也都可以尝试把 0 ～ 9 的数字都用上。通过各种计算方法，看看孩子能否列出可以计算出年份的等式。

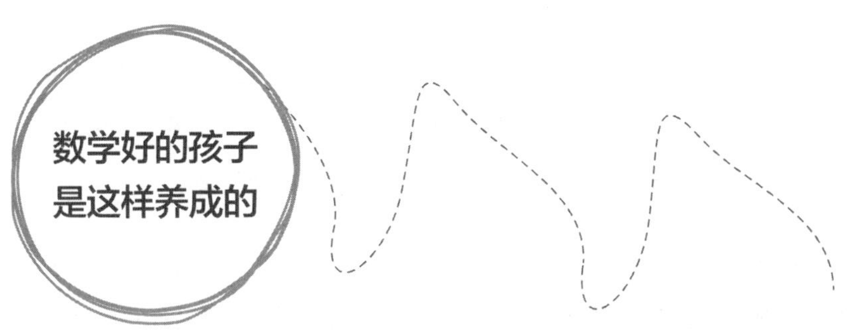

重要的不是抽象思维的训练，而是具象基础的铺垫

从对数量有感觉到可以用数字表示，并能够运用数字来表示感受到的数量的变化，这是儿童数学思维能力发展的一个重要变化，就是从具象的物品多少，过渡到能够用抽象的数字来表示，并能够不借助具象物品，单纯地加工数字，让数字通过增加或减少的方式出现变化。在这些变化中，孩子能够体会到数字中蕴含的神奇，那些变来变去却有规律的事情，只要孩子感受到了，就会渐渐喜欢上数学，并从数学的无穷变化中体会到快乐，这个快乐会激发大脑前额叶分泌多巴胺，促进大脑皮层留下更多的神经痕迹，在这些痕迹中，就包含对数字变化的那些感觉。

从孩子生日的那些数字入手，这是心理学上的一个小窍门儿。人人都关心自己的事情，人人都熟悉自己的事情，从自己熟悉的事情入手，大脑就不抗拒，就更容易接受。比如，我让每一个学生都写下自己出生的月和日，然后按照我的要求进行操作：将日子的数字与月份的数字相加，得到一个数字，再把这个数字连加 9 遍，便又得到一个数字，将这个数各个位数上的数字加和，如果得到两位数就继续加和，最终会得到一个数字。

用我自己的例子来说明一下，我出生的月份是3，日子是7，于是3加上7得到了10，再把9个10加起来，就是90，这个90是一个两位数，有一个9，还有一个0。于是把9与0相加，最终得到的是9。

那么就是现在，请你用上面的步骤来操作一下自己的生日吧，一步一步落实，做完后，把你最终得到的数字写下来，然后去找另外一个人，问问这个人的出生月日，也按照相同的步骤操作一次，得到那个数后，也写在纸上。你发现其中的规律了吗？重要的是，你还会去问第三个人的生日，再算一次吗？这就是从孩子最熟悉的生日数字入手的一种数字活动的玩法，也是比较容易操作的一种，仅靠加法就足够了，这个活动连很多小学五年级的孩子都能玩得不亦乐乎。

此刻正在读书的你，要不要停下来实际操作一下呢？你不操作，就永远体会不到其中的奥妙，如果我把奥妙写出来，也就达不到帮助你疏通大脑的目的了，所以，请停止阅读，去算一下，然后再回来继续阅读。通过对自己生日的计算，以及对第二个人甚至第三个人生日的计算，得到的数字能让你发现背后的规律吗？如果你对此有感觉，就说明你大脑中潜在的数感基础已经被调动了。不过，不要有期待，我是不会在书中告诉你奥妙所在的，相信你一定能够自己发现。

数字运算，就从加法开始，如果孩子小的时候摆弄手指的时间充足，玩色子的次数足够，那么，等过渡到一位数、两位数、三位数的运算，以及各种等式的变化时，就都不存在难点了。可以自如地加工各种数字，并对这些数字进行操作，进一步发现数字中隐藏的各种奥妙，这是抽象思维的一种表现。在这个过程中，孩子的激情会被激活的大脑点燃，从而愿意花时间去想。

我给我的学生做过一道题，有的学生会花 4 个小时去想，有的甚至能持续想两个星期。

用 1、2、4、5、6、7、8 这 7 个数，通过运算的方式得到 2020 这个数。每个数只能使用一次，但必须都要用上，可以采用加、减、乘、除任何运算方式。

这就是激发思维灵活性的题目，比固定的运算题对思维的启发作用要大得多。这道题能够激发孩子的大脑自主选择运算方式，设定自己要达到的阶段性目标，并渐渐通向最终的计算目标——2020。有的学生想这道题想了一天，终于找到一个路径，可以通过计算得到 2020 了，非常开心，后来与其他同学交流时发现，有的同学还有第二种方法，还有的同学用了 5 种方法，甚至还有学生把这些方法都写在白纸上，贴在家里的墙上，每天都要看一看，尝试想出更多的方法。

像这样的计算题，是全新的，过程完全由孩子自己掌握，运算方式和次序的选择由孩子比对最终目标来决定，不仅达到了强化运算能力的目的，也让孩子达到了自己预设的目标，并为实现自己的目标而尽力，不再是为了完成老师的作业，也不再是需要应付的学习任务，而是自己的目标，孩子自然会主动、积极、开心地去思考。就是在这样的过程中，孩子熟悉了 5 的作用、2 的作用，熟悉了凑百的思维方式、围绕整数展开的思维方式、从最终的 2020 出发来逆推的思维方式、通过拼凑数字整理出自己想要的数字的思维方式，还有排除的思维方式等。全方位的思维，都来自这样的思考题，而不是来自枯燥乏味的数字加减等于几这种低级的体力题目上。

数感是运算能力的潜能来源，运算能力是数学思维的潜能来源，每一种来自大脑的能力，都有其基础部分，以及基础之上多个方向的发展趋势。如果基础不扎实，孩子学到后面能力就不够用了，最初表现出来的是兴趣下降，进而开始排斥数学，一看到数字或等式就头晕，内心形成了抗拒反应。如果到了这一步，继续发展下去很可能就会破坏之前已经具备的潜能基础，最终前功尽弃了。

儿童的数学能力是有发展阶梯的，从我小时候与妈妈一起做的那些活动中，就能够感受到这个阶梯，并能够感受到阶梯铺垫的基础对日后的作用。从第 1 回合到第 7 回合，都是有发展阶梯的，潜能是递增发展的，是有步骤的，也是有积累作用的。不谈理念，在家庭中最关键的就是操作和落实，那么，就安排时间落实书中的实际操作方法吧。

从与孩子有关的数字入手，可以是生日、学号，可以是身高、体重，也可以是家里的门牌号码、楼梯的台阶级数，还可以是当天的温度、日出时间……只要从孩子觉得熟悉的数字出发，就是以具象的铺垫为基础，向抽象的数字操作发展了。用上色子，通过游戏活动的形式铺垫、强化、建设儿童大脑的思维基础吧！

人们最喜欢的字是自己的名字，最喜欢的数字是自己的生日。对自己的事情，人们有天然的喜好。而学习的东西只要与自己有关联，也就容易产生兴趣，能够推动自己用更多的时间和精力去关注。生日就是这么回事，而学到发烧、温度以及用数字表示的温度，也是这么回事。自己发烧了，才关心医生用的体温计，也才会对上面的刻度感到好奇，继而渐渐懂得数字计量的方法。

每个孩子都是不同的，相同的地方就是都有生日，也都会有生病发烧的时候，而妈妈的任务就是借助孩子自己体验过的每一件事情来巧妙地、不露声色地加入那些有知识意义的元素，让孩子接受起来更为自然和顺利，从具象到抽象，顺理成章。

这一回合中能够找到
一个问题的答案。这个问题是：
作者为何那么喜欢数字呢？你认为以下哪个
答案能够最理想地回答这个问题？
（按重要程度从高到低排序）

A. 天生的，就是喜欢数字

B. 被妈妈启发到自己的事情都用数字

C. 熟悉了数字就体会到绝招，就会更加喜欢数字

D. 学校老师教得好

（参考答案见全书末尾）

孩子懂了吗？妈妈怎么知道

◎学数学，并不是能够模仿过程就等于学会了，重要的是真的从概念的层面理解词汇。

◎做题并不能验证孩子对数学概念的掌握情况。作为妈妈，能够用来检验孩子对数学概念掌握情况的唯一方式，就是观察或者询问。

妈妈教的数学

1974年9月19日　　星期四　　晴

今天是我弟弟的生日，妈妈让他先挑，是要小豆冰棍还是北冰洋汽水。他挑了冰棍，我挑了汽水。妈妈说如果我也吃冰棍的话，可以要3根，这次吃不了，下次出来也可以吃。

1975年1月21日　　星期二　　阴

晚上吃饭我想吃包子，妈妈问我吃多少个，我要吃5个。吃饺子更好，能吃30个。妈妈让我想一想5个包子和30个饺子更想吃哪个。我说都一样，反正不吃馒头。

1975年1月25日　　星期六　　晴

今天算术考试，有一道题是：1支铅笔、2块橡皮、3把转笔刀一共2.65元；2支铅笔、3块橡皮、4把转笔刀一共3.85元；3支铅笔、3块橡皮、5把转笔刀一共4.8元。问：1支铅笔、1块橡皮、1把转笔刀各是多少元？这道题我没有做出来，妈妈让我多想想。

1975年1月26日　　星期天　　晴

妈妈带我去商店买铅笔、橡皮还有转笔刀，昨天的题我做出来了。把三个东西都摆在一起，就做出来了。

看了我日记中这4天的内容，再来看现在各地课外数学补习班或者奥数班的学习内容，我又一次感到妈妈让我理解题目的过程是多么的精心和巧妙。我的妈妈并没有学过心理学，也没有当过老师，她都没有念完初中就参军了。当我在自己50岁生日那天问她这4段日记里的内容时，她想了许久，说：“不太记得了，不过确实不知道怎么讲给你听啊！”然后我问妈妈知不知道“等量代换”。妈妈说，当然知道啊！我让妈妈给我解释这个词，妈妈说，就是“等量交换”的意思啊。我没有继续难为她，因为我知道，妈妈已经在我小的时候，用行动给我解释了“等量代换”。

如果你是一个想为孩子学好数学而尽心尽力的妈妈，就一定思考过应该如何给孩子解释“等量代换”这个概念。通过互联网，你会了解到以下内容。

等量代换的定义：用一种量（或一种量的一部分）来代替和它相等的另一种量（或另一种量的一部分）。“等量代换”是指一个量被与它相等的量去代替，它是数学中一种基本的思想方法，也是代数思想方法的基础。狭义的等量代换思想通过等式的性质来体现就是等式的传递性：如果 $a=b$，$b=c$，那么 $a=c$。真正使用到的等量代换为：$f(a=b)$ 就是 $f(a) \rightarrow f(b)$，其中 f 是函数公式。广义的等量代换举例来说就是：“如果李四是张三的同义词，张三是人，那么李四也是人。”这种数学思想方法不仅有着广泛的应用，而且是今后进一步学习数学的基础，是一个非常重要的知识点，甚至到了大学都还会使用。

接着，你可能还会查到曹冲称象的故事，于是，你觉得应该给孩子讲讲这个故事。把故事讲完，孩子终于应该懂了吧？可孩子既说不出来自己懂什么，也说不出来自己不懂什么。孩子到底懂不懂，大人怎么能够知道呢？只有一个办法，那就是做道题试试。

李老师买了 3 个足球，张老师买了 4 个篮球，王老师买了 1 个足球、1 个篮球、3 个皮球。他们每人所用的钱数都相等。问：5 个足球的价钱相当于几个皮球的价钱？

孩子头脑中仍旧是迷雾重重。这些迷雾中有：曹冲是谁？干吗要称象？称象行，干吗又称石头呢？石头与大象有什么关系啊？象重多少是什么意思？什么是等量？代换又是什么意思？接着足球与篮球之间有什么关系？皮球又是什么？都混在一起干什么呢？

做题并不能验证孩子对数学概念的掌握情况。作为妈妈，能够用来检验孩子对数学概念掌握情况的唯一方式，就是观察或者询问。以上这些问题其实反映的是孩子头脑中从具象到抽象的过程。当孩子不清楚一件事情的目的或者不理解这个目的的时候，就不太能够将注意力集中到这个目的的实施过程上。

目前中国的小学教育中，三年级就开始教等量代换了，如果你在孩子的作业中发现他没有理解这个概念，就知道他在课堂上肯定是学得似懂非懂了。孩子可能只是在机械地解决题目表面的问题，如果你追问他一些具象的问题而他却回答不出来，那么说明他表面上能够操作符号，但没有理解其在现实生活中的意义。孩子在这样的灌输式教育中长大，也就没有了联系实际的能力，没有了从具象过程中抽象出问题来的能力。通过许多名牌学府，中国向世界输出了不少人才，但很多都是操作型的人才，而缺乏独创型的人才、提出问题型的人才、开拓型的人才。这与目前中国小学教育所采用的方法不无关系。要知道，即使一些特级教师都没有思考过这个本质性的核心问题：如何教育孩子掌握概念？

在现实生活中，妈妈让我体会到了冰棍与汽水之间是可以交换的。要不选这个，要不选那个，这让我理解了交换的意思。接着用晚饭时吃的包子和饺子来体现一种关系，就是吃两样都可以饱，不过包子要吃

5 个，饺子要吃 30 个。这都是来自生活中的案例，隐含的意思就是都能吃饱的情况下，5 个包子与 30 个饺子是一回事儿。用钱来衡量的话，那就是 3 根冰棍与 1 瓶汽水所花的钱是一样的。

孩子在不理解“等量”的情况下，又如何理解足球、篮球、皮球之间的交换呢？在不知道铅笔、橡皮、转笔刀的情况下，又如何借助价钱的线索寻找不同物品之间的关联呢？

学数学，并不是能够模仿过程就等于学会了，重要的是真的从概念的层面理解词汇。读者朋友们，你们可以尝试问问孩子这两类问题。第一类问题是：“你见过的猴子是什么样子的？”或者可以稍微变化一下问这种问题：“你见过的鸡翅是什么样子的？见过的菠菜是什么样子的？”然后再问第二类问题：“你见过的 7 是什么样子的？等量是什么样子的？”

对于第一类问题，孩子的回答中多数都包含颜色、状态的描述，有时还可能包含见过的地点、时间，以及当时在场的人。可对于第二类问题，麻烦就来了，孩子几乎无法回答，回答的语言往往会陷入用 7 来解释 7 的怪圈。这说明孩子对数字的理解停留在表象上，甚至都没有透彻理解数字的真正意义。

关于这一点，我对澳大利亚数学教学与中国数学教学进行过比较。

澳大利亚小学三年级到五年级的孩子无论是在做题速度还是在准确度上都明显不如中国同龄孩子的表现，但在概念的理解上，中国孩子就明显薄弱了。澳大利亚 9 ～ 11 岁的孩子在解释 7 的时候，会说出类似这样的话：7 是一周的天数啊，7 就是你拥有的东西的一个数字记录，7 就是一年级小学生的岁数，7 就是电梯中的数字说明要去的楼层……

而中国的孩子，还有日本、韩国、印度、俄罗斯的孩子，我都曾经直接接触并调研过，他们的反馈十分相似，那就是用数字来解释数字，缺乏运用与现实的结合来理解数字。这些孩子虽然起跑的时间更早，但起跑的姿势却不太正确。随着年龄的增长，这个不正确的姿势无论是对跑步的成绩还是身体的形态都会造成越来越明显的影响。**因此，重视起跑的时间不如重视起跑的姿势！**

对数学概念的理解是孩子数学能力发展的一个重要基础。这个基础从 3 岁就开始形成了，然后每 3 年一个阶段，直到 18 岁。这是数学教育中所讲的孩子对抽象概念理解的发展规律，具体解释就是对词汇的理解。最开始便是对“数字”这个词的理解。与“大象”“牡丹花”“猴子”不同，数字在现实生活中没有具象的物体，只能从已有的量入手来建立数字概念。

这里涉及另外一个话题，那就是孩子对一个概念的理解是不是只有两个表现，要不就是理解了，要不就是不理解？通过我自己从 1985 年到现在不间断地对各个年龄段孩子的观察和测试，得出的结论是：认知过程在理解抽象事物上分为 5 个阶段。下面以对数字的理解为例。

- **浅层阶段：** 仅仅是一个字，与“大”“天”这样的字是一样的。
- **初级阶段：** 一些物品的量，比如我有 3个苹果。
- **中级阶段：** 一些事物的关系，比如每天上午，8点总是在 9点的前面。
- **高级阶段：** 这些数量之间不仅可以比较，还可以操作。
- **深层阶段：** 数字是数量的符号，可以代表任何事物，任何事物都可以被数字量化。

对于 3 岁前就能够从 1 数到 20 的孩子来说，他们多数都停留在浅层阶段，理解的仅仅是字而已。这个时候需要父母带领孩子进行大量的物品清点活动，比如，帮孩子清点有多少双袜子、喝了多少水、吃了几个饺子等，渐渐培养孩子抽象出数字中的量，在量的基础上开始建立中级阶段的认识。

如果孩子能够主动说出“我这次吃了 18 个饺子”或者“我现在又有了 1 双袜子，这样我就有 7 双袜子了”这样的话，就说明他已经达到初级阶段了。

如果孩子在说话中主动运用了数字，而且用对了，那就说明孩子对数字的认知能力进步了。这种能力不是依靠考试能够测量的，只有依靠妈妈对孩子平时表现的观察，尤其是观察孩子言谈话语中流露出来的对数字运用的表现。语言的运用其实就是大脑层面对各种词汇的操作，语言中运用了数字，就说明大脑神经元的活动区域扩大到了左脑。只有当左脑中的数字混合了右脑中的形象描述时，数字概念才会得到进一步的发展。

有许多孩子到了 9 岁时，对数字的抽象理解才仅仅达到中级阶段。根据历史记载的曹冲称象的故事来看，曹冲在 6 岁时对数字概念的理解就发展到了深层阶段，不仅可以对事物进行数量上的操作，而且不受事物表象差异的影响。

我是从小学四年级起开始写日记的，也就是说，9 岁之前，我的生活中爸爸妈妈的许多做法都没有文字记载可以查看了，只能通过我 9 岁之后的一些记载来推测妈妈对我在数学方面的启蒙作用。

根据皮亚杰对儿童思维发展的研究结果：孩子 3 岁可以建立初级阶段的数字认知，6 岁可以发展到中级阶段，9 岁可以达到高级阶段，12 岁左右应该实现深层的抽象认识。

目前的学校教育中，从教科书到老师的教学方法，99% 的内容都是直接发展到对数字的操作上，比如加、减、乘、除。但就连加、减、乘、除的概念都没有做到让孩子真正地理解，而只是让他们机械地、照猫画虎地当成一套流程来操作，以期熟能生巧。就更不要说耐心、符合认知规律、阶段性辅助孩子建立概念、从具象到抽象和深刻掌握概念的意识了，这些都没有，又何谈什么教学行为和教学方法呢？

面对这些问题，每个家庭都是在无意识中走过来的，孩子似乎也只好听天由命了。我只能感谢妈妈从我小时候在概念上对我进行的循序渐进的引导，包括让我上楼的时候数台阶、坐车的时候数站数、数米粒、称重量等，大量的量化活动让我较早地建立了数字概念，虽然自己说不出来等量代换是什么，却能够完全自如地做出等量代换这个概念下涉及的任何题目。

加法对孩子来说也是一个抽象的概念，也有 4 个理解层次，并不是会做加法就等于理解了加法的概念。

- **层次一：**知道加法是一个操作动作，是数量的增加过程。多了一个苹果的意思就是原来苹果的数量多了 1。
- **层次二：**知道加法是一种运算，可以针对任何事物进行。苹果也可以加梨，意思是总体拥有的数量增加了。
- **层次三：**理解加法不用考虑次序，先多了 1 个、后多了 3 个，与先多了 3 个、后多了 1 个是一回事儿。
- **层次四：**加法概念的扩展。“和”“总和”“一共”“多了”“所有”“全部”，这些词都是加法的不同表达，都是一个意思。

同样，减法、乘法、除法都有这样4个理解层次和认知过程。学校教育依靠大量的模仿和类型练习，强迫孩子熟悉操作过程，让孩子在完全不理解加法核心本质的基础上生硬地运算，结果会造成如下三个方面的不良影响。

- **破坏了认知次序。**孩子失去了询问或者思考原因的能力。
- **破坏了对数学的感觉。**对孩子来说，数学成了与生活没有什么关系的一堆操作、运算，只要记住就好了。
- **破坏了求知的能力。**泯灭了孩子认识事物的好奇心，逐渐养成看一遍然后照猫画虎就可以了的惯性，最终导致创造力被扼杀。

我清楚地记得，在上我家4层楼楼梯的过程中，我认识到先上3级台阶再上5级台阶所到达的位置，与先上5级台阶再上3级台阶所到达的位置是一样的。其他许多孩子嘲笑我说："这你都不知道啊！"但其实他们是在学习了加法法则中的"先后次序无关"后才知道的，而我是通过生活体验自己认识到的。虽然结果都是知道了，但由于知道的过程不同，我对加法法则的理解就更加深刻，而其他那些孩子则仅仅只是知道而已。

妈妈能做的事情很多。不妨参考我提供的概念理解和认知过程，以及从具象到抽象的发展阶段，运用孩子生活中的事物作为与孩子交流的切入点，让孩子通过参与活动，渐渐建立起头脑中的数字概念、加法概念。

妈妈教的数学

◎ 可以帮助孩子清点自己的物品，定期记录并比较。

◎ 帮助孩子记录自己的饮水量、饭量、体重。

◎ 让孩子帮助大人做事，过程中增加数字活动，比如清点冰箱里有多少种不同的物品。

◎ 帮助孩子建立加法概念，根据 4 个理解层次来练习。不同物品可以相加的仅仅是重量、体积、个数，而不是类别，比如，苹果与梨可以相加的仅仅是重量和数量，这就是在建立单位的概念。

在杭州有一个妈妈群，群主是一个听过我讲子女教育课的学生，她是一个 5 岁孩子的妈妈。这个群每周会从我这里领取一个任务。其中有一个周末的任务是让孩子搭积木，比如乐高的积木，搭成什么形状都可以。要求搭好后，让孩子清点一下用了多少块积木、用了多少种不同的积木，搭出来的东西的长、宽、高分别是多少。这些数字都要在纸上记录下来。4 周之后，让孩子用同样数量、同样类型的积木重新搭建一次，看看在长、宽、高上能否超越前一次做的。这个过程本身，就是孩子理解数字概念的过程。

表面上，孩子说不出来自己理解没理解数字的概念，他的数学成绩也不会立刻表现出明显的进步，但是他在脑海中渐渐形成了更加深刻的数字概念，等上了小学二三年级，就能够比较明显地表现出来了。

妈妈教的数学不是招数、技巧，也不是口诀、宝典，而是让心智开启的钥匙，让兴趣迸发的力量。想让大脑智力健康发展，没有灵丹妙药，唯有长期坚持正确的训练方法。

作为尝试，你可以看看下面这道题目中，有哪些词是孩子不理解的。

> **同学们排成一个方阵进行广播操表演，小海的位置从前、从后、从左、从右数都是第 6 个，问：参加广播操表演的共有多少人？**

也许你可以从中悟出一些道理，那就是，教育孩子的过程，首先是自己有把握理解，并能够用孩子的语言讲出来的过程。

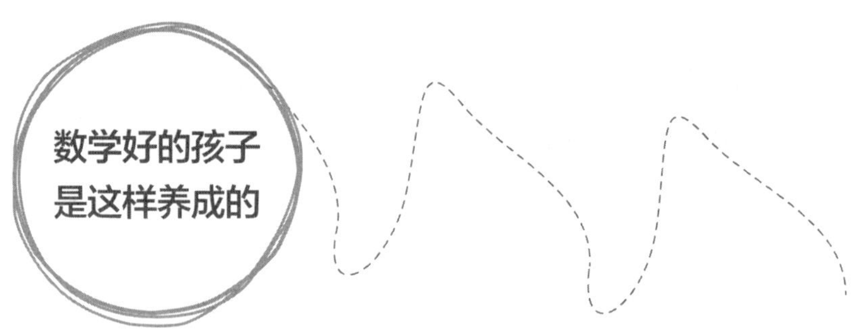

重要的不是做对题目，而是理解本质

对数字理解的 5 个阶段、对加法理解的 4 个层次，这些都是数学能够在儿童大脑中生根并永久不忘的底层，如同大厦的地基一样。数学考试是不用提前复习的，不理解才需要复习，以便记住。妈妈们可以回顾一下，自己是不是也不懂数字理解的 5 个阶段，也不太能够清晰地辨别加法的动作层次、运算层次、次序无关层次以及生活概念运用层次呢？如果你自己都不懂，那你给孩子辅导数学就是一团糨糊与另一团糨糊之间的纠缠了。纠缠就是双方都搞不清楚，还牵涉情感的别扭，最终弄得双方都不愉快。

从对具象的理解和认知到形成抽象的操作和运用的过程，就是培育潜能型儿童的过程。这个过程是漫长的，而且只能发生在家庭中，来自孩子耳濡目染、每天体验的过程。比如幼儿习得母语，就是天天沉浸在母语环境中学会的。孩子之所以能听明白大人说的话，都是结合了具体的场景，自己在大脑中加工并形成了认识；孩子运用语言也是结合了自己的特定需求，并在特定场景下尝试使用的结果。孩子可能某一次发现，这样说妈妈就来了，就达到目的了，而那样说就没有人回应自己，而且还会发生自己不喜欢的事情，于是大脑就自动刻录下一条痕迹，下一次再遇到这个情况就说这句话、就用这个词、就做出这个表情等等。这样的经历足够多了以后，大脑就刻录了多种多样的痕迹，当这些痕迹交织在一起，在各种场景中表现出来时，周围的大人就会觉得这个孩子真聪明。实际上，孩子的表现不过是日积月累的结果，并没有特定要去发展什么特殊才能。这也是潜能的来源，就是水滴石穿的过程，每天不间断地滴水，每次只滴一滴，盯住一个点，长期持续地滴下去。如果这个点是数感，孩子的数学能力就突破了；如果这个点是语感，孩子的语言能力就成气候了；如果这个点是美感，孩子的艺术细胞就此生成；如果这个点是动作，一个运动天才就此诞生。就是这么简单，但说来简单，其实也很复杂。简单的是每天只需一滴水，复杂的是要持续不断，配合大脑发展的不同阶段，每一个环节都有升级的水滴。

这里就从数感出发。对加法的理解要从最具象的状态入手，那就是清点，即弄清楚眼前这堆东西有多少个。假设眼前这堆东西是一碗饺子，那么清点一下得知眼前的饺子有 18 个，这时又多了一碗饺子，于是你既可以在 18 个的基础上继续清点，也可以先清点多出来的这一碗，数出有 8 个，再从 18 开始数 8 次，得到 26。如果从实际情况来理解眼前的事情，具象地描述就是：一开始有 18 个饺子，后来增加了 8 个，一共有 26 个。这个过程如果抽象地描述就是：18 个饺子与 8 个饺子的和，也就是合起来，总共有 26 个饺子。渐渐地，孩子就懂得这就是加法了，加法就是把东西加起来、组合起来、综合起来，变成抽象的数字，也就是 18 与 8 的和，就是 18+8=26 的过程。

课堂上，老师不会这么讲，学生自然也就失去了从本质的具象场景出发去理解的机会，久而久之就变成用记忆的方式来对待数学的学习了。回顾妈妈与我的互动过程，这类基础动作实在太多了，就是纯粹具象的、场景化的、细节的过程，我只是不断地操作，也就是不断地在大脑中刻录痕迹，从而形成清晰、深刻的印迹，变成抽象的认知，最终实现脱离具象场景也能操作数字的程度，看起来好像很有数学天赋的样子。

那么正在阅读这本书的你呢？你觉得自己是否透彻理解了加法形成的过程呢？如果你自己都不理解，而用说教的方式对待孩子，不给孩子足够充分的机会去参与和体验具象的过程，那么孩子的大脑就会采用模仿的方式来处理。模仿是一种重要的学习方式，是大脑在处理不断重复的事情时，最初的反应方式，通过模仿和不断重复，最终变成自己下意识的本能。当然，孩子在完全不理解加法核心本质的情况下照样也能完成加法的任务，只不过是把大脑的工作当成肢体工作的性质，依靠本能重复的形式来执行任务罢了。这是把大脑降级使用了，就好比你把自己的智能手机当作计算器一样，这明明是一部智能手机，你却只用计算器的功能，还有几十上百种功能都被你搁置了，这是很多孩子的真实现状。在这种常态下，一旦有一个孩子表现得出色了一点儿，他就被当作潜能型儿童了。

儿童学习数学，就是要从具象的、场景化的基础活动开始。次数足够的清点，长时期的清点，对积木、色子上的点数，以及生活中的楼梯、公交车里的乘客、红灯前停着等待变灯的车辆、电影院里的座位、自己衣服上的扣子等具象事物的数量进行清点，并对数量的变化，以及变化后的情况、变化过程中的环节透彻地理解，这些都不是大人教的，而是孩子的大脑在活动中通过参与操作和视听体验而形成的认识，这个认识就是核心数感基础，就是未来学好数学的底层基石。这些都来自家庭，来自孩子与父母之间互动交流的过程，来自家庭中有规划的各种活动。

落实这些活动并不难，难的是长期坚持，每天都做一点儿。就像孩子长身体，每天都吃饭，渐渐就长高了，而通过大量练习跳高，是无法达到目的的。道理一样，通过大量做题也达不到培育智力的目的。

在与妈妈的交谈中我渐渐意识到，我的妈妈并不具备高超的数学能力，也不懂儿童心理学，她就是一个普通的退休军人，非常淳朴，而且没有对我抱有多么大的期待，也很少对我说教。对比来看，倒是我的父亲对我要求很严格。我妈妈所做的就是不断落实那些非常本质的事情。比如她看到我总是把左右弄混的时候，就问我："你每次背书包都是什么姿势？"我就尝试把书包背上，她对我说："你看，这叫'左肩右斜'，你把书包带搭在左边的肩膀上，书包带就向右边斜下去了。"多么生动，多么具体，多么场景化，从那一刻起，每次需要区分左右的时候，我就会想到这四个字：左肩右斜。这一点儿都不说教，也完全没有埋怨，妈妈从没有对我说过类似"这么简单怎么老是记不住啊，这么大了怎么还左右不分啊"之类的话。

我的日记中记录了我与妈妈互动的点滴，都是些日常生活琐事，而生活中互动的内容都可以形成大脑的痕迹，从而影响我一生。其中贯穿的并不是刻意的数学启蒙，也不是刻意的人生观教育，更不是充满了巨大期待的辅导、引导、早教，而就是朴实的语言、简单的活动，就能帮助我形成厚实的脑力基础，也就是为大脑的操作系统做好了准备，迎接将要安装的任何具体的应用程序。我朴实的妈妈可以做到，你也可以。不需要多么高的学历，不需要多么高的智商，就是简单落实，把能做的事情做到，其他的，就等待孩子的大脑自然发育吧，自会水到渠成的。

这一回合是全书最难的一个回合，难点主要体现在三个方面：第一，有了抽象的结论，比如理解概念的发展阶段；第二，形成了因果，把孩子的表现当作现象，给出了符合逻辑的结论；第三，对读者有行为要求，比如建议妈妈做的事情。

对词汇的认知是递进的，一个阶段有一个阶段的理解，从认识常见的词汇到认识少见的词汇，就是一个过程。作为读者，阅读到这一回合，已经完成整本书的80%了，你是否已找到可以运用到自己生活中的经验了呢？

这本书是一本实操性较强的图书，你在购买的时候设想过这本书能够提供什么吗？读一本书的目的到底是什么？

A. 能够落实到现实中的具体操作

B. 有启发的知识和理论

C. 得到别人的成功经验和教训

D. 了解一些新的想法和趣闻

（参考答案见全书末尾）

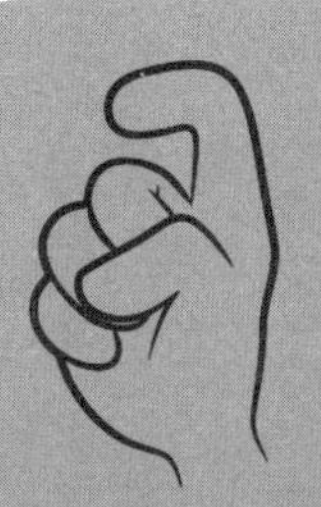

犯错是学习的最佳时机

◎错误是学习的最好机会，把握这样的机会才能够带领孩子一步一个脚印地走过理解的道路，找到自己独特的方法。

◎妈妈最应该扮演的就是陪伴的角色、好奇的角色、能够不断交流的角色，并在交流中促进孩子自我意识的成长，能够反思自己做过的题目。

1975 年 3 月 19 日　　星期三　　阴

今天回家，妈妈翻书包找到了上个礼拜算术小测试的卷子，发现我有 3 道错题。卷子上都已经改好了，老师讲了正确答案，我就会了。妈妈问我，我是哪年出生的，我说是 1963 年。然后妈妈问我，我出生前 1000 年是哪年，我说是 963 年。妈妈又问我，2000 年前是哪年，我说是 37 年前，妈妈让我自己算，1963 年前的 37 年是哪年，我算了算，发现那是 1926 年啊，我就蒙了。

读到这段日记时，我尝试回忆了一下当时做错的到底是什么题，依稀记得卷子上有一道题，问：现在是 1975 年，2000 年前是哪一年？我肯定是写错了，而且写的应该是 25 年，老师给的正确答案是“公元前 25 年”。也就是说，25 年是正确的，但要在前面写上“公元前”。实际上，日记里妈妈问我问题的这一天，我还是没有弄懂“公元前”的意思，尽管我已经将老师给的正确答案写在了卷子上。

后来我自己当老师以后，才发现了这一点：孩子在听到老师讲正确答案时，会把正确的答案写在卷子上，不管脑海中理解不理解。比如“公元前”这个词，老师肯定讲解过，有些孩子理解了，有些孩子没理解，我就没理解。在课堂上我并没有告诉老师我没听懂，老师当然不会重新讲一遍。在测验的时候，孩子做错了题目，这个时候应该是老师发现并引导孩子认识错误的好时机，然而多数老师的做法是把正确答案讲出来，然后问孩子们“懂了吗”。像我这样的学生，肯定不会说自己没懂，而只是将正确答案写在了卷子上。一个老师面对着 40 多个学生，没有机会关注每个学生是否真正彻底理解了一个概念，学生貌似理解了，实际上还是似懂非懂。类似的含糊不清累积起来，孩子的错误就会越来越多，内心深处受到的打击也就越来越大，渐渐对数学就越来越没有兴趣了。

妈妈面对的是一个孩子，比老师要好多了，不用面对那么多学生，所以也就有足够的耐心关心自己的孩子是不是真正知道错在了哪里。我是真的不知道错在哪里。那天的日记没有详细记录妈妈是如何教我的，不过后来有一道题我在日记中写了。

1975 年 4 月 29 日　　星期二　　晴

今天期中考试，考后我记住了一道题：历史上商鞅变法是公元前 356 年，求距现在已经多少年了。我肯定回答对了。

1975 年 4 月 30 日　　星期三　　晴

今天发了算术期中考卷，我得了 100 分，特别高兴。妈妈说五一到书店给我买书。我想好了，要买一本公元前的书。

通过这两天的日记片段，我能够看出来，“公元前”这个概念我当时确实是懂了。但在妈妈用我的生日来测试我的时候，我肯定还似懂非懂，后来才明白现在日期中的年份总有一个开始，都叫 1963 年、2008 年什么的，可是之前呢，就通通叫公元前多少多少年，理解了这一点，与此有关的任何题目就都易如反掌了。

1975 年 4 月 4 日　　星期五　　阴

今天晚上，爸爸看报纸，说秦始皇统一中国到今天已经 2196 年了，他在统一后 11 年就死了。这时妈妈问我，秦始皇是哪年死的。那就是现在的 1975 年减去 2196 年，就是 221 年，也就是公元前的意思。然后减去 11 年，也就是 2185 年前死的，现在是 1975 年，就是公元前 210 年死的了。

今天看这段日记，能够看出一个孩子的思考过程，虽然麻烦，但是概念理解正确。感谢妈妈看到我的测试卷子，并能够变化形式不断地追问。在应对这些问题的时候，我脑海中的概念也渐渐清晰起来——时间节点不过就是一个起始点而已，节点之后的时间应该说成“公元后”，只是平时省略了，但“公元前”不能省略，不然就搞不清楚说的是哪一年了。

妈妈们在对待孩子的考试结果时，经常陷入两种情况：孩子考了100分就夸奖孩子，看到有犯错的地方就生气。有些情况下妈妈也会给孩子讲解，但是在讲解过程中经常使用成年人的语言。孩子不会表达自己是否真正理解了，只是貌似把正确答案写了出来，其实那不过是孩子自己在尝试，尝试运用一个概念来应对面前的题目。多数妈妈几乎已经忘记了自己小时候学习数学的过程，有时又会运用后来学到的知识来解决孩子当前面对的题目，所以难以给孩子讲明白，孩子对解题过程就似懂非懂。错误本来是学习的最佳机会，只有把握这样的机会才能够带领孩子一步一个脚印地走过理解的道路，一点一点地找到自己理解数学概念、运算法则、知识原理的独特方法。

孩子在小学阶段做数学题常犯的错误有如下5类。

- 粗心导致的错误。
- 步骤跳跃导致的错误。
- 规则运用模糊导致的错误。
- 题意理解偏差导致的错误。
- 对概念理解不准确导致的错误。

第一类错误：粗心。遇到孩子出现这类错误的时候，妈妈经常会不由自主地埋怨孩子："怎么这么粗心啊！这你都算不对啊！"但这些话不能起到让孩子下次细心一点的作用，只会让孩子更紧张。对于这类错误，要看类似的题目孩子会不会做，如果类似的题目孩子都做对了，就没有必要在这一类问题上纠缠。粗心是孩子大脑发育过程中的好事儿，凡是从小就细心的孩子，创新能力通常都会比较薄弱，举一反三的能力不如容易粗心犯错的孩子。

第二类错误：步骤跳跃。在计算的过程中，如果孩子书面上跳跃了步骤，就说明大脑中没有比较严谨、熟练的步骤，可能想到了下一步，就忽略了这一步。遇到这种情况，妈妈可以要求孩子在纸上把每个步骤都写下来。写下一个步骤就相当于完成一个动作，通过细致的步骤来促进大脑建立清晰、明确的过程，以此帮助孩子避免再犯类似的错误。这个时候不是要求孩子速度的阶段,许多家长经常要求孩子快一点儿做题，尽快完成作业，长此以往，孩子长大后也必然会过度关注速度、忽视细节。而忽视环节的精益求精，轻视过程，只关注结果，会让人产生以结果为唯一导向的观念。很多大学生浑浑噩噩 4 年只为混一个文凭，在校园里耗费青春的现象也几乎都是类似的心理导致的。

第三类错误：规则模糊。数学涉及大量的运算，每一种运算都涉及许多规则，无论是加减法的规则，还是乘除法的规则，或者几何图形中线段长度的计算规则、面积的计算规则、角度的度量规则等。规则是数学的一块重要基石，可以说没有规则就没有数学。这也是数学与社会科学有联系的一个方面。社会科学中也经常涉及各种各样的规则，比如公交车到站时，乘客要先下后上。数学的规则主要集中在数字上，到了中学才渐渐过渡到与字母有关的各种规则，而孩子在执行规则的时候又常会将各种不同的规则混淆在一起。先乘除后加减就是一个高级的规则，是规则之上的一个规则。这方面的错误多了会让孩子失去耐心，继而减弱信心。

第四类错误：题意偏差。在小学四、五、六年级孩子的数学题错误中，题意理解偏差一类的错误高达 35%。这个阶段，教材中会出现孩子从来没有接触过的一些词，而数学老师通常又不会特别关注孩子对题目中词汇的理解，也不会专门准备帮助孩子强化对事物关系理解的教学内容，这就导致一些孩子在阅读应用题时连蒙带猜。有时猜对了也不知道自己是怎么猜对的，猜错了老师也不给解释，而是直接给出正确答案，孩子抄完就等于改错了。

第五类错误：概念曲解。这类错误一定要格外重视，连续三个月的概念不清将给孩子往后的学习带来重重障碍。如果孩子出现这类错误，妈妈就必须采用前面教过的方法，引导孩子把做题的思路、思考的过程都说出来。妈妈在听的过程中不要急于纠正，而应不断地询问，让孩子讲给你听。根据我的教学实践经验，孩子在讲的过程中，大约 85% 都能够自己领悟。那些自己领悟出来的概念，孩子通常就不会忘记了。老师讲的、妈妈讲的，都不如孩子自己领悟的对大脑刺激深刻，这种深刻的刺激能够使孩子彻底掌握概念。

这里提供孩子常犯错误的一些例子，请你来判断一下孩子出错的原因，哪些是粗心，哪些是步骤跳跃，哪些是规则模糊，哪些是题意偏差，哪些是概念曲解。

第一题

15 － 9÷3 =

A. 11　　B. 2　　C. 3　　D. 12

这道题，孩子的选择如果是 D 就是正确的，而现在你的孩子选择了 B，你认为这是哪一类错误？

第二题

22÷3 = 7 余 1

老师在这道题的结果上画了一个大红叉。请你判断，这是哪一类错误？

第三题

56÷7 = 24÷?

供选择的答案有：3、4、6、8。孩子的选择是 8，但正确答案应该是 3。你认为这是哪一类错误？

第四题（1）

丹丹去买了一些水果，等开班会时给大家吃。她买了 1.5 千克的橙子，0.9 千克的苹果，0.7 千克的香蕉。晓梅数了一下，苹果共有 7 个，那么平均一个苹果多重？

A. 15 克　　B. 130 克

C. 270 克　　D. 990 克

孩子选择了 A. 15 克。请判断他的错误属于哪一类。

第四题（2）

其实丹丹带回来的水果共重 3.9 千克，原来还有芒果，那么芒果多重？

A. 0.4 千克　　B. 0.8 千克

C. 0.9 千克　　D. 1.3 千克

孩子选择的是 D. 1.3 千克。你觉得孩子的错误属于哪一类。

第五题

$$\frac{1}{3}=\frac{2}{?}$$

供选择的答案有：3、4、5、6。孩子的选择是 5。请判断孩子的错误属于哪一类。

数学学习最重要的其实就是两方面，一方面是规则的熟练，另一方面是概念的理解。规则的熟练需要重复步骤来不断练习，打下扎实的基本功；而概念的理解则需要先弄懂词汇，再扩展到对概念的认识。

有一些题目的出错原因容易判断，不过最好的判断方式还是让孩子自己说出来，这就是自述法。通过孩子的自述，妈妈能够找到孩子的错误类型，也能够决定是否应该给予足够的重视。有时候，孩子在自述中自己发现了问题，也就自己把困难解决了。

前两道题都属于规则运用的错误。第一题是先乘除后加减的规则运用；第二题是不能直接写“余 1”，应该写成分数的形式 $7\frac{1}{3}$，这也是规则。

第三题是步骤跳跃了，应该让孩子先完成等式左边的部分，写出等于 8，再完成等式右边的部分：8 是 24 除以多少得到的？步骤严谨以后，答案自然就正确了。

让孩子自述第四题的第（1）小题，结果孩子说：“买了那么多水果，我怎么知道一个苹果多重啊！”这就说明孩子没有理解题意。他忽略了题目中给出的一个条件，那就是有 7 个苹果，只需要到题干中去寻找苹果的重量，然后进行除法并找到最接近的数字就可以了。这属于题意偏差问题，需要引起妈妈的重视。

第四题的第（2）小题，孩子在自述的过程中自己知道了正确的答案，那就说明是粗心了，不是严重的问题。

第五题孩子的答案是 5，让孩子自述，判断出这是概念曲解类的错误，就是说孩子没有明确分数转换、化简的概念。这个孩子在类似的题目上都出现了错误，可见他在学校学习分数变化的时候没有听懂。妈妈必须从分数最基础的概念开始讲起，否则以后涉及更多的分数变化时，孩子就更难以应付了。

在我的日记中，类似妈妈教我理解概念的内容有这一回合前面提到的“公元前”，还有“素数”，也有四则运算中“括号”“括号内”与“括号外”的不同等。这些例子证明我不是犯了粗心一类的错误，而是犯了概念理解偏差的错误。

在我的印象中，妈妈从来没有表现出对考试分数特别关心。我考过满分，妈妈没有为此特别高兴，或者至少没有在我的面前表现过；我也考过不及格，妈妈也没有表现出特别的烦恼和焦虑。每次她都会仔细看我做的每道题，有时还会在纸上写写画画，我知道她也在做题，有时让我将自己的解法说出来，有时我说着说着又有了新的方法。

在数学的学习过程中，分数从来都不是最重要的。想想看，牛顿在世的时候，有谁能够给他的成就打分呢？考试仅仅是为了了解孩子对已学知识的掌握情况，而不是要进行比较，更不能把考高分当成人

生的目标。考试中出现的错误是纠正脑海中对概念错误理解的最佳机会。我的妈妈选择公开地与我讨论试卷，让我后来再也没有隐藏过试卷，无论考了多少分，我都愿意让妈妈看。最高兴的是，有时妈妈也做不出来，又看不懂我做的，这时我就有机会给妈妈讲解题目了。至今我从心里乐于教数学，热衷于辅导孩子数学，并能够快速找到孩子学习数学时卡住的原因，这些能力都应该归功于妈妈与我的交谈——面对试卷的交谈。

妈妈教的数学

◎ 读三年级的孩子粗心类的错误会多一些，不要打击孩子。只要发现后提示他看看以前做对了的类似题目，让孩子自己找到错误原因就可以了。坚决不要对孩子进行惩罚，尤其是抄写多少遍这种简单、机械、重复性的惩罚。保护孩子积极的自尊心更加重要。

◎ 读四年级的孩子跳跃步骤、规则模糊、一下子记不全的情况较多。这个阶段需要变化题目，让孩子不能跳跃规则，可以给他大一点儿的纸张，给他更多的时间。

◎ 读五年级的孩子渐渐会出现一些概念理解类的错误了。此时，比较有效的方法就是引导孩子把想法说出来。让孩子把对题目的理解说出来，这样妈妈就能够发现孩子是对题意理解有偏差，还是对词汇理解有误，再找机会重新讲解题目，或者对词汇进行详细的解释、举例。

◎ 六年级是过渡阶段。孩子对概念要非常清晰，规则要非常熟练，才能为中学打下扎实的基础。这个年龄段的孩子各种错误都有可能出现。这也是小学六年的一个总结，学校的老师没有时间和精力针对每一个孩子进行如此细致的教育，那么这个任务自然就落在了父母身上，主要是妈妈身上。

如果孩子将作业都做对了，老师、家长都高兴；如果有错误，孩子便经常受到指责。其实，孩子做题时出现的错误才是孩子进步过程中最宝贵的记号。小学阶段总是能够得100分的孩子，多数依靠的是记忆力，包括对规则的记忆、对概念的死记硬背，而不是灵活地理解。考试分数总是很低的孩子问题大多出在概念方面。如果孩子遇到了一个没有太多经验的老师，那在概念理解、规则运用上表现出来的差距就更大了。

家长不要太在意孩子在小学时的考试成绩，有上有下是正常的，最重要的是弄清楚孩子理解了什么、运用了什么。我的妈妈即使在我考了满分的时候也会问我做题用了多少时间，哪道题用的时间最长、哪道题最没有把握，考试后同学之间讨论最多的是哪道题……通过回答这些看上去完全无序的问题，我渐渐开始对自己的做题能力有了把握，知道做得快的题目我容易粗心，做得慢的题目可能是理解得有问题，过程太长的题目总是把规则弄乱。这真的就是这一回合的最佳注解，就是如何在错误中学好数学。

老师在检查孩子作业的时候，经常只看结果是否正确，而完全忽视了孩子的思考过程。有时，答案是孩子蒙出来的，碰巧对了，如果不让孩子说出来，也就不知道思考过程中规则的运用是否正确、对概念是否理解。多与孩子交谈，妈妈可能会担心：“我也不会啊！”那就拿出学习的心态，让孩子教你，这也是培养孩子成就感的好机会。如果孩子在给你讲解的过程中建立了自信，这对他在外面与别人打交道也有好处。妈妈没有必要在孩子面前扮演全知全能的角色，也从来没有这样的妈妈。妈妈最应该扮演的就是陪伴的角色、好奇的角色、能够不断交流的角色，并在交流中促进孩子自我意识的成长，能够反思自己做过的题目。不要用厌恶的心态看待错题，要用拥抱的姿态来面对错误的答案。

现在的小学、中学教育非常流行出选择题。选择题是忽视过程的，只对老师阅卷有帮助，但对发现孩子的错误类型并没有什么具体的帮助。在这种情况下，即使看到孩子做错了，也不知道是概念理解上的错误，还是粗心导致犯错，抑或是对规则不熟悉……这时，最好的办法就是父母与孩子一起讨论，让孩子把做题的步骤、想法说出来。

父母能够对孩子进行辅导，并不是因为自己会做题，而是因为能够理解题目。有时完全可以在自己不会做的情况下，通过不断地与孩子交谈，促使孩子矫正自己的思考方式，掌握对概念的理解以及对规则的运用。

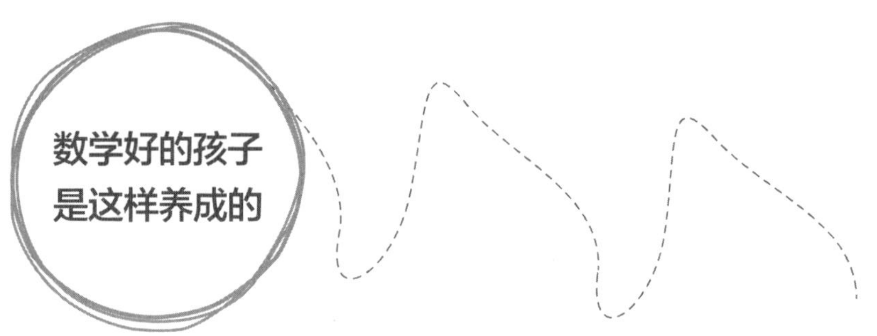

辅导孩子前，请先思考三个问题

多少父母不知不觉间成了学校老师的助理：检查孩子的作业，辅导孩子改正错题。也正是这种既没有精神准备，也没有心理预期，更没有专业培训，还不十分情愿的助理工作，搞坏了家庭关系，从与孩子的关系到家庭中大人之间的关系，都逐渐变得僵化，人人都不愉快，孩子的数学还是没有学好。如果你大多数充满期待的努力最终都是这个结果，那么你有没有冷静地想一下如下这三个问题呢?

- 孩子做错题的原因到底是什么?
- 孩子需要你来提供帮助吗？当他知道自己做错了，心理状态是怎样的?
- 如果对孩子进行辅导，孩子心里会认为父母的期待是什么?

这三个问题环环相扣，有严密的逻辑关系。如果想不通这三个问题，那就表示你对孩子作业的辅导行为都是南辕北辙的，尽管非常努力、认真，但方向错了，不仅达不到目的，还破坏了很多与之关联的美好。

作业中出现错误，是学习过程中再正常不过的事情，甚至是最宝贵的经验！这样来看，要求孩子改正错误本身就很不合理，甚至违背了自然规律。如果犯错是天经地义的，那么解决问题的正确思路就应该是找到错误的原因，追本溯源，从原因入手，让错误自然消失。

学习的过程，是大脑工作的过程；学习的结果，也是大脑工作的结果的体现。不仅儿童如此，成年人也是一样。学习过程中，只有两种大脑功能在紧密参与，一种是理解功能，另一种是模仿功能。孩子在 6 岁以前都是模仿优先，理解随后；在 6 ～ 9 岁这个阶段，逐渐演变成理解优先，模仿功能渐渐下降；9 岁以后，才会逐渐演变为较为成熟地使用理解功能，这时，大脑中理解功能所负责的范围不断扩大，神经元密度增大，脑电流密集且持久，模仿功能渐渐退化成形象对比功能，主要用于艺术和运动领域的活动。**通过错题，你可以观察到孩子学习时的用脑特性是哪个功能在主导，从而了解孩子的脑力发展情况。**

目前的情况是，绝大部分女生的理解功能都有所退化，模仿功能升级为记忆功能；而大部分男生的理解功能弱化，模仿功能维持着活跃状态。也就是说，现在孩子的大脑都被模仿功能接管了，无论对待何种学习任务，都会采用模仿的方式来完成。模仿功能属于大脑的被动型功能，不是主动型的，也就是对孩子来说，所有的学习任务都是被动的事情，是不得不做的，归属于“应付类”，大脑的指挥中心给这类事情提供的资源也极其有限，以一种“差不多就行”的方式来处理，同时伴随着急迫的状态，希望抓紧时间赶快完成，从而摆脱这类事情。这就成为孩子对待作业时大脑中的潜意识动力。由于要大幅度调动模仿功能来处理，于是课堂上老师的例题就成了法宝，家里父母讲解题目时的思路和具体步骤就成了典范，孩子记下了只言片语，立刻就能用上，照猫画虎、东拼西凑，作业就这样完成了。事后发现漏洞百出也就是必然的结果了。这源自教育过程的失当。给孩子发育中的大脑提供了错误的养料、环境、日照、水分，那么长出畸形异果也就不是怪事了。现在很多孩子的表现情况，不就是这个过程的写照吗?

为什么一定要讲解错题，而不讲讲做对的题目呢?为什么不从根源上找到错题的本质，从那里开始重建孩子大脑的理解功能呢?理解功能虽然发育缓慢，可一旦成形，就会对孩子的脑力表现产生巨大的影响。当你看到一道错题时，如果发现孩子出错的原因是概念理解偏差，那就不要再纠缠这道题了，回到那个基础概念上，从最初的具象开始，逐渐进阶到抽象，才能让孩子真正将数学中的术语理解透彻；如果你发现孩子出错的原因是题意理解偏差，那么就回到基础词汇上，把功夫用在词汇的理解上；如果发现出错原因是步骤跳跃，那多半是大人不断催促的结果，应该减少孩子的做题数量，放慢做题速度，让孩子有玩的时间；如果原因出在规则意识模糊上，那就跟孩子好好玩游戏，每个不同的游戏都有不同的规则，能够帮助孩子强化大脑对活动规则的认识。这些都是非常具有针对性的大脑培育方法，不是为了解决眼前的错题，而是借助错题发现孩子大脑功能的欠缺之处，并对此展开有针对性的改善措施。

作业出错后，孩子自己也会产生心理反应，父母更应该关注孩子的心理反应。比如可以告诉孩子，自己小的时候遇到这类题目也经常出错，或者跟孩子讲讲自己出错后的心理感受：并不想出错，可是做题的时候，真的想不到。分享自己的体验，才是真正帮助孩子缓解由错题带来的心理冲击和压力的办法，只有压力得到了缓解，孩子的大脑才有足够的资源去聚焦错题出现的原因，才有可能自己想明白一些事情，尤其是与错题有关的知识，也才能够心平气和地面对。

作业出错后，孩子需要父母的帮助吗？当然需要。首先需要的就是心理上的共情，以及压力的缓解，这要依靠语言交流来实现，而不是就题论题去讲解。其次是要帮助孩子找到出错的根本原因，就是做题时大脑里想的是什么，哪个功能在活跃，对应老师课上所讲的内容，渐渐让孩子自己发现问题根源，是一两个关键术语没有理解，还是一两个思路没有想明白。之后父母再提供对应的帮助，将术语具象化、简单化，将思路理得更清晰，并向前追溯到题目所涉及的课程知识上去，重温知识进入孩子大脑的过程，将陷落在模仿功能里的知识揪出来，挪到理解功能里去。

肯定会有父母说，其实那些题目所涉及的知识，自己也不懂。如果你真的能够坦诚面对自己的“不懂”，那就不要承接老师助理的职位，明确地告诉孩子：我也不懂。索性再直接告诉老师：我没有辅导孩子作业的能力。与其错误地辅导孩子从而导致恶性循环，还不如让孩子形成自己的应对方式，或许还有自我修复的机会。

让孩子重新回到最初的学习状态和阶段，重新开始进行阅读理解，或简单应用题的基础训练，都能够帮助孩子恢复。有些五年级的孩子听我给三年级的孩子讲数学，都能有很多恍然大悟的瞬间，仿佛一下子就懂了，原来数学是这样的。这些瞬间代表他们开启了大脑的理解功能，最终他们在学校的测试中也把题目都做对了。这就是儿童大脑可塑性的威力。12 岁以前，都有机会改变，从最基础的起步，回到最初的原始状态重新来过，把数学学好并不是神话。

这不是耸人听闻：无论是科学领域，还是艺术领域，那些杰出的、有成就的人，他们在求学期间很少出现所有科目的考试全部满分的情况。

如果没有做错过题目，就等于没有学到过知识。做错题是学习的机会。这一回合中所讲的小学生数学5类常见错误的内容来自我的论文，基于对北京3所学校共882名学生、2554份试卷分析的结果。

这5种错误类型，可以全面运用在对孩子作业和试卷错题的分析上，并能够准确找到错误的原因。

目前的实际情况是，学校老师将自己的一部分教学任务分配给了学生家长，家长担负起了检查和辅导作业的任务。而家长做这件事难免不够专业。在辅导孩子作业的过程中最常见的错误是以下哪些？

（按常见程度从高到低排序）

A. 用孩子没有学过的知识教孩子

B. 帮孩子解题，让孩子抄一遍

C. 指责孩子粗心，通过重复多做来强化记忆

D. 到网上搜答案让孩子自己理解

（参考答案见全书末尾）

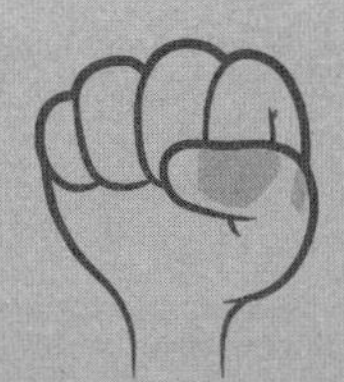

不会做题，只有三种可能

◎在小学阶段，孩子最需要掌握的是规则的运用，最需要启发的是对规律的认识，最容易卡住的地方是对题意的理解。

◎面对孩子留空的题目，父母应该明确自己的位置。作业是孩子的，不要帮助孩子把题目做出来，而应该由他自己独立去完成。

1975年9月12日　　星期五　　多云

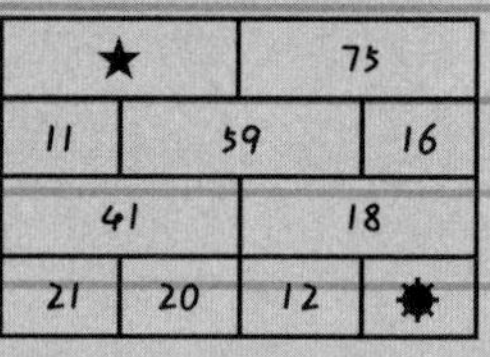

我没有做出来的题目，好多同学也没有做出来，比如这道题：星号的地方可以选择的数字有61、63、69、70；小太阳符号的地方可以选择的数字有5、6、7、8。妈妈也看到作业本上的这个题目了，她让我猜测应该是什么。我觉得不能随便瞎猜，爸爸说不会的题目就是不会，的确不能瞎猜的，就是要猜，也要有一点儿线索，至少在猜一个数字的时候有理由。妈妈也没有做出来，爸爸从来不看我的数学作业。晚上睡觉前，妈妈让我重新说一遍这个题目，说着说着我就做出来了，妈妈也同意我猜测到的规律。

1985年10月19日　　星期六　　微风

奥数班的孩子总是很有创意，哪怕遇到不会做的题目也是如此。当我在黑板上写出这道题的时候，有的孩子已经开始猜测答案了。有的孩子猜对了，有的猜错了。重要的不是正确与否，而是猜测过程中的思考方式。这道题是上周六的一道测试题，45分钟要做出类似的30道题目，孩子的时间压力较大，而这道题许多孩子都没有做出来。今天我又在黑板上写出了这道题，就听到了下面的反馈。卢萧晨：小太阳的那个地方应该是6。因为左边的41其实就是下面的两个格子21和20的和，那么右边的18也应该是下面两个格子的和，一个是12，另外一个就是8。这时全班同学都笑了，萧晨觉得自己说错了，立刻纠正："哦对，应该是6。"石慧妮：上面那个星号的地方应该是70，就是11加上59，你看右边的75，就是59加上16得到的，那么星号的地方肯定就是70。重要的不是孩子知道答案是什么，重要的是思考的方式。

妈妈们看到孩子的作业或试卷，当然希望上面都是对号，看到叉号就会心情沮丧，并试图找到孩子的错误点，而看到孩子留下的空白题目时，心情就比较复杂了。这时大概会有两种情况：一种是自己会做，另一种是自己也不会做。前一种还好一点，至少可以尝试给孩子讲解这道题的做法；而后一种就比较糟糕了，难免会想："在孩子面前说我也不会，孩子心里不就更加觉得他不会是理所应当的了吗？"

孩子有不会做的题目是很平常的事情，此时，妈妈应该怎么办？常见的做法是自己做出来，然后讲给孩子听。先不说有时妈妈自己也不会做，就算会做，妈妈的解题思路也可能是孩子目前还没有学到的，比如用代数知识解决应用题。这样做还有可能让孩子形成依赖心理。

面对孩子留空的题目，妈妈应该明确自己的位置。作业是孩子的，不要帮助孩子把题目做出来，应该由他自己去独立完成。辅助的意思不是帮助，辅助是以辅导孩子为主，自己做为辅。也就是说，妈妈可以不断地与孩子交谈、讨论这个题目，但没必要自己去做这个题目。孩子从不会做的题目中能够学到解决问题的思考方法，遇到不会做的题目，意味着大脑中有空白区域，从来没有遇到过，从来没有经历过，这是好事。这时妈妈应该提供各种讨论内容，让孩子进行自述。孩子对题目越熟悉，其大脑中的细胞活跃度就越高，对智力发育就越有利。

妈妈教的数学

◎ 让孩子把题目讲出来，用自己的语言来讲。

◎ 孩子讲的过程中，妈妈点头就可以，表示听到了。

◎ 等孩子都讲完了，妈妈开始提问，就刚才没有听明白的地方一个一个地询问。

◎ 在以上过程中，不断重复孩子讲出来的内容，并渐渐组织成一段完整的话，来把题目说清楚。

图书都是有页码的，页码从 1 开始，然后按照 2、3、4……这样的顺序排下去。有一本书的页码用了 258 个数字，问：这本书最后一页的页码数字是几？

如果孩子的试卷上这道题目是空白的，妈妈应该让孩子把自己对这道题目的理解讲出来。孩子可能会说："页码的数字是几，这是什么意思？"这时妈妈可以让孩子从头开始讲这道题目。孩子也许就会说："其实就是一本书有第 1 页，也有第 2 页，然后就这样按顺序排下去了。"然后妈妈可以追问孩子："那么，用了 258 个数字是什么意思？"常见的情况是孩子无法回答，因为这就是孩子卡住的地方。也就是说，孩子没有理解题目的意思。没有看懂题目，当然也就看不懂题目要求做什么了。

这个时候，最好的方法就是拿来一本书，让孩子随便打开，比如翻到了第 78 页，你可以告诉孩子，这就是用了两个数字，一个是 7，一个是 8，表示的就是第 78 页。然后向后多翻几页，比如到了 126 页，就可以让孩子说一说这个页码用了多少个数字，如果孩子回答的是 3 个数字，一个是 1，一个是 2，一个是 6，那就说明孩子至少懂了题目的意思。接着可以让孩子从第 1 页开始数到第 10 页，看看用了多少个数字，如果孩子能够数出 11 个数字，说明孩子真正理解了题目。

这时再让孩子重复一遍题目。孩子应该很快会发现，从 11 页开始到 99 页，每一页都用了两个数字，共有 89 页，这就已经是 178 个数字了，加上从 1 到 10 的 11 个数字，就是 189 个数字了。从 100 页开始到 999 页，每一页都会用掉 3 个数字，而题目是用了 258 个数字，那就是 258 减去 189，还有 69 个数字，再除以 3 就是 23 页，要算上第 100 页，那么最后一页就是第 122 页了。

要知道，这样的过程才是妈妈应该辅导孩子的过程：通过提问，让孩子重复地回答，并在孩子不理解的地方，用实例来演示。通过亲手摸到图书并数出每一页的数字，孩子才会知道用掉的数字是什么意思，也才能够正确地理解题目及其目标。

通过这个例子，妈妈应该理解孩子留下空白的题目通常有如下三种情况，在这三种情况下，孩子会宣布“这道题我不会做”。

- 看不懂较多的词。
- 看不懂题目的目的。
- 看不懂题目已经说明的情况。

图书页码这道题，多数孩子的表现都是看不懂题目，或者从来没有遇到过用这样的语言来说明一个问题的情况。也就是说，这道题并不完全是一个数学题目，还有语言理解上的要求。对语言表达生涩的孩子来说，如果以前没有遇到过这样的题目，当然就会觉得陌生，从心理上先认输了，于是索性宣布不会做。

隔壁有一位老大爷，他的年龄除以 9 余 1，如果除以 4 也余 1，问：你知道这位老大爷的岁数是多少吗？

有 43% 的小学三年级孩子在这道题目上留下了空白。让孩子自述，孩子说：“不知道除以 9 余 1 了以后，干吗还要除以 4 啊。”孩子不能够理解人类思考问题的基本模式，即知道了一个情况，如果再知道另外的情况，就能够更好地判断一件事情了。比如，你可以跟孩子讲：“从楼外看到家里的客厅没有亮灯，是不是能够知道家里没人？”孩子可能会说“还要看看卧室的灯是不是亮的”，也可能会说“这样也不能确定家里没人，因为可能睡觉了”。通过这样的举例可以发现，孩子在生活中能够通过观察多方实物来进行判断，但在题目上就理解不了为什么多给一些情况就能够帮助推测答案了。

用 9 除和用 4 除都余 1，什么数字是这样的呢？可能有的妈妈会说：“这题多简单啊，不就是公倍数的问题吗？老大爷的岁数是 4 和 9 的倍数，就是 36，都余 1，那就是 37 岁。”你决定这样讲给孩子听吗？如果这样的话，一连串的问题就来了：“什么叫公倍数啊？为什么余 1 就要加 1 呢？你怎么知道都是 4 和 9 的倍数呢？哦，倍数是什么意思啊？”这种情况下，你便陷入了前面提到的第二种情况，就是用了孩子还没有学过的术语，因为孩子没有接触过公倍数的概念。

面对这道题的空白，妈妈的正确做法是明确自己的目标，那就是尽量辅助孩子理解题目，然后通过举例来渐渐引导孩子自己去接近题目的答案。

你可以问孩子 9 除以 9 是多少，再问 10 除以 9 是多少，然后问 12

除以 9 是多少，接着问 18 除以 9 是多少，最后问什么样的数字除以 9 会余 1 呢？引导孩子自己说出来，那就是乘以 9 以后再加 1 的那个数字。这一轮问答结束后，就可以开始用 4 来询问了。渐渐地，孩子能够猜到 37，这时再让他自己去尝试除以 9 是多少、除以 4 是多少。等孩子都懂了以后，再追问孩子，如果一个人 37 岁，我们会叫他老大爷吗？

至此，才彻底完成了这道题目的全部内容。孩子在意识中熟悉了数字的性质，知道它除以一个数后有余，就能推算出这个数字具体是几，同时还学会了对老大爷年龄段的判断。

一个笼子里有 3 只鹰，有一只是每 3 个小时叫一次，还有一只是每 8 个小时叫一次，另外一只每 12 个小时叫一次。开始计时的时候，3 只鹰恰好同时叫了。问：未来的 80 个小时内，两只鹰会同时叫几次？

如果你看到孩子在这道题下留了空白，先不要着急，要明确目标，即辅助孩子彻底、正确地理解题目的意思。让孩子采用自述法把题目讲出来，用他自己的话来讲。孩子在一定程度上是能够把事情讲清楚的。这时，你的目标还没有完成，应该要求孩子把他讲的写在纸上。如果孩子完全不会写，你可以先写几个，然后让孩子来进行填空，总之要把知道的情况都写下来（见图 10-1）。

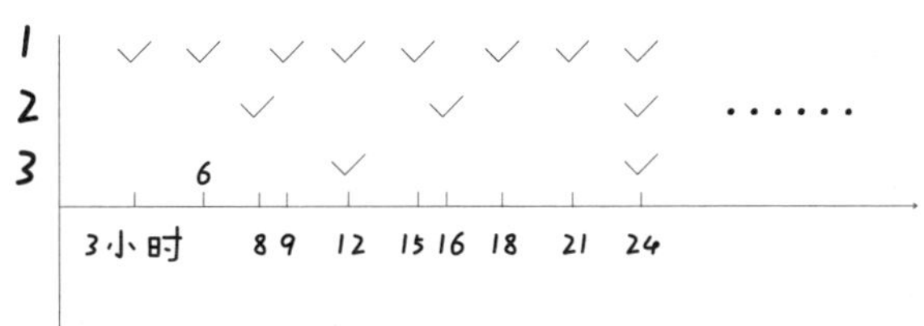

图 10–1

“这样做多麻烦啊！直接告诉孩子不就行了吗？而且孩子也肯定理解。”没错，你倒是图省事儿了，却剥夺了孩子获得快乐的机会，那是他自己独立发现答案的快乐。同时，你还剥夺了他建立自信的机会，因为每次独立做出一道题的时候，孩子都会建立起一点信心，如果你替他做了，让他在心理上开始依赖你，他就会想着考试的时候你能不能也在他的身后呢？

教孩子做题、解题、思考题目的过程对我来说是快乐的，因为我看到太多的孩子在我这里建立起信心，在面对数学题目的时候不再发怵、不再恐惧，反而敢于迎接挑战，哪怕是用特别原始的、纯粹的、麻烦的方法来解决问题。“啊哈！”的一个瞬间，问题迎刃而解，孩子在心理上又向前迈进了一步。

遇到不会做的题目时，孩子也能够从中学到正确地理解题目的方法和寻找线索的方法。这两项都是数学学习的重要内容,前者是理解问题，后者是建立思考方法。学习数学不仅能够学到规则、运算、概念，更加重要的是明白了能够运用到所有领域的那些理解事物的方法，以及正确的切入点。

在我自己的成长历程中，每一个阶段我都能够在留空的题目上受到重要的启发，知道自己学到的东西里哪些还不太准确、不太熟练。从不会做的题目中，我学到更多的是通用的方法，并能够跳跃一个级别，越来越熟悉更高层次的思考方法，尤其是学到了在反复阅读题目的时候，如何在字里行间找到蛛丝马迹，从而扣住题目的脉搏，厘清线索，让题目中所有的条件都为我所用，以揭示正确的答案。

不会做题目也能学数学，其实何止是学数学，学到的是超越数学的本领，学到的是对世间万物的思考方法，学到的是理解世界的思路。找到孩子留空的题目吧，也许你能够帮助孩子提升一个境界，为未来铺设一条通路。

我把这些年教学中常见的留空题目整理了一下，写在这里供读者思考，用来启发孩子去寻找理解的思路和解题的线索。

商店以每双 6.5 元的价格购进一批凉鞋，售价每双 7.4 元，卖到还剩 5 双时，除成本外还剩 44 元，问：这批凉鞋共有多少双？

一个分数的分子与分母的乘积为 60，问：这样的最简单的分数有几个？

把 $\frac{5}{14}$ 化成小数，小数点后第 2013 个数是几？这些数的和是多少？

在小学阶段，孩子最需要掌握的是规则的运用，最需要启发的是对规律的认识，最容易卡住的地方是对题意的理解。这就涉及题目中用的词汇，妈妈需要辅助孩子去理解这些词汇，而不是帮助他把题目做出来。妈妈做不出题目很正常，但是不能辅助孩子进一步理解题目就不应该了。

让孩子阅读以上几道题后，可以让他自述。即使孩了把题目做出来了，也要让他自己说一遍。目前市面上的教辅图书普遍存在一个问题，那就是只用数学的语言和形式来解析问题，却不会了用孩子能够理解的语言把事情讲明白。孩子其实不是不会思考，而是不太习惯用数学的方式来思考。妈妈想要弥补这些不足，就应该鼓励孩子大胆开口讲出来，让他一点一点地在脑海中建立对题意的理解。

前面三道题中第一题的要点是：辅助孩子理解“售价、成本、购进、卖出”这 4 个词的意思，在理解了意思以后，几乎所有孩子都能够自己找到正确的答案。第二题的要点是：辅助孩子尝试，跟 3 只鹰的题目一样，一个分数一个分数地去尝试，直到孩子自己发现规律并得出答案。第三题的要点是：孩子是否敢于尝试把分数化成小数这个运算的规则。不做任何动作，这道题仅仅靠思考是做不出来的，必须拿出行动，耐心地一个小数一个小数地除下去，看看能够发现什么规律。请牢记，不会做的题目也能够让孩子学到关于数学的理解和思考方法。

孩子不会做的题目通常有如下两种。

- 知识没有学过。
- 知识学过但忘记了。

因此，发现孩子有完全不会的题目时，妈妈要明确自己的目标是什么。不是替孩子把题目做出来，而是辅助他找到一条清晰的通路，厘清题目的情况，弄明白题目希望他完成什么，或者鼓励他提出自己的疑问。

在这个认识基础上，我们就能够理解为什么孩子对陌生的题目会心生恐惧、对从来没有做过的题目缺乏深层认识了。突破这些思维障碍的要点就是妈妈的辅助，而非代替。

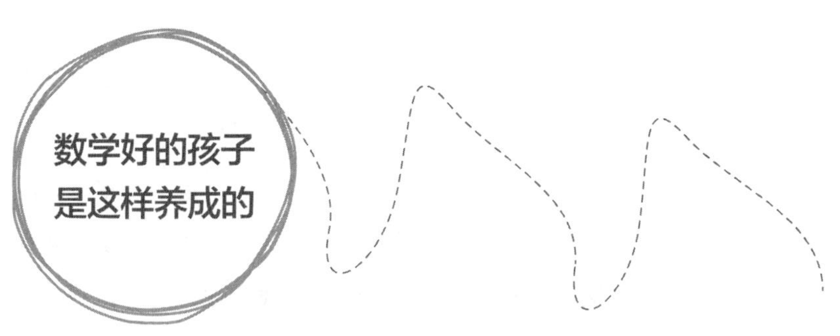

激发学习主动性，有三个具体做法

题目不会做，源自两个深层的心理状态，一个是排斥性的，另一个是原发性的。这好比孩子面对食物时的表现：一看是自己没有见过的东西，直接拒绝，不碰也不吃，这是排斥性的；一看就知道眼前的食物与之前讨厌的食物类似，坚决不吃，这是原发性的。孩子在作业和试卷中留有空白的题目，同样源于这两种心理状态，而这两种心理状态都有一个源头，那就是被动意识。假设孩子饿了，身边没有大人，他会自己想办法找吃的，如果找到的是以前没有见过的食物，应该会尝一下，如果不尝，那说明他饿的程度不够，也就是主动驱动力不够；如果找到的是以前吃过但绝对不喜欢吃的食物，孩子也会勉强开始吃，如果不吃，那说明还是不够饿，主动性还没有被激发出来。

面对题目也是同样的道理，做题这件事不是孩子主动想做的，他就会觉得与自己没有什么关系，心态上没有将其当作自己的事情，心理上一直抱有排斥的状态，或者之前见过类似的题目自己不会做，那更是能敷衍就敷衍，能用小脑对付，就不用大脑思考。

遇到孩子留空的题目，妈妈通常是上来就开始辅导，这种完全无视孩子心理状态的应对方式是错误的，要知道，题目都是老师课堂上讲过的，妈妈不询问老师讲的内容、讲的细节，就题论题地展开，孩子原本就是因为与题目有关的知识记忆模糊，在那两种心理状态下把题目留空了，现在面对妈妈的讲解，大脑便会陷入巨大的混乱中，一面是现在妈妈在讲的知识点，另一面是老师课堂上讲过、自己记忆模糊的知识点，两相比较之下，只会更加模糊，不知道该听谁的。而且，妈妈在讲的过程中，多数都是单向模式，只顾自己讲，很少给孩子提问的机会，即使让孩子提问，孩子也不知道如何组织语言提出问题来，这会额外增加孩子的心理负担，于是在原有的两种心理状态之下，又多了一种，那就是任由摆布，忍耐着熬过去，同时原有的两种心态还得到了进一步的强化，导致孩子越来越讨厌数学，甚至连带着开始对妈妈形成怨恨情绪。本来只是解决孩子不会做题的问题，结果妈妈的错误应对方式导致事态恶化，还扩展到亲子关系的问题上，给孩子埋下心理上的病根儿。

应对孩子空着题目不做的问题，关键在于帮助孩子消除那两个消极心态，就是排斥性的以及原发性的。排斥性心态源于主动性的缺乏，主要是因为孩子没有把学习数学当作自己心中认可的事情来看待，而要想恢复孩子的主动性，需要妈妈耐心地落实一些具体的做法；消除原发性心态的关键则是帮助孩子平衡掉由过去错题的负面体验而留下的创伤性烙印，也有具体的做法，但要想彻底消除孩子心中的阴影，则需要时间和充足的阳光，妈妈的积极语言以及认同的态度才是正确的方式。

以下有三个具体的做法可以在家庭中落实，是帮助孩子消除面对数学时的消极心态，激发学习主动性的方法，切实有效。

第一个：跟孩子讲讲自己小时候的体验。可以跟孩子讲讲自己小时候不会做的题目，以及小时候数学在自己心里是什么样的感觉，包括自己小时候对数学的讨厌和回避心态都可以说，要客观、诚实，不必刻意回避过去的负面心理感受。

第二个：给孩子充分的自由。当孩子表现出不喜欢的时候，可以不做数学作业。孩子的作业，就让他自己决定在什么时间来完成，如果孩子一个星期都不碰数学，放心吧，没事的！这是非常重要的一点，但很多父母都熬不过去，从中干预，导致孩子内心深处对数学产生更加强烈的痛恨。要知道，对孩子来说，耽误一年都没事，只要他形成了积极主动的心态，一年时间可以追回两年的学习内容呢！这也是我很多学生的真实情况，一旦恢复了对数学的正常心态，一两个月就能扭转数学成绩低迷的状态。

第三个：自言自语，讲给自己听。在家里设置一面可以书写的墙，用黑板纸或大白板都可以，把孩子遇到的不会做的题目抄写到上面，在那里放一段时间（比如两三个小时）之后，妈妈就可以站在题目前，手里拿着笔，自言自语，把关键词写出来，但是不要写出题目的解法，只写题目中涉及的关键词。再间隔一段时间，甚至等到第二天都可以，妈妈仍然是站在题目前自言自语，将关键词串联起来，缓慢地写出部分解法，然后暂停，继续将题目留在那里。

就这三个具体做法，只要你认真落实并耐心等待，孩子的积极心态就能逐渐恢复。孩子的大脑还没有形成长效记忆能力，只要环境中消极、不利的因素消失，孩子大脑的生长发育动力就会把他带回正轨。

当孩子面对数学的态度回归正轨后，妈妈也仍然不能直接展开去讲解那些留空的题目，而是应该避重就轻，回到题目涉及的数学原理上，也就是回归最初的状态。比如涉及的要是应用题，那么最初的状态就是对语句和词汇以及语句中所涉及的内容之间的关系的理解。如果不能给孩子示范普遍方法，单纯针对一道题的讲解是无效的，容易让孩子调用记忆力来应付，形成无效的大脑活动。记忆力是应对重复性肢体动作任务的法宝，却是脑力活动的毒药。而脑力活动的核心是理解，达到对眼前事物的理解才是首要目的，这对潜能型儿童来说格外重要。

这时就要运用摘要法了。所谓摘要法，就是将应用题中核心的数字，以及与数字有关的词汇、单位、场景状态等单独写出来，留在板上，为孩子创造出视觉空间，让这些关键信息暴露在视线中、留存在大脑中，并渐渐加工出关键词之间的关系来，孩子就能开始理解题目中数字之间的关系，以及场景状态下的事件前后关系了，而隐藏其中的数学关系也就逐渐显露出来了。

普通儿童是可以变为潜能型儿童的，关键在于理解力上，理解力源自大脑对同一类事物足够时间的加工，是在此过程中形成的一种能力。过程中，大脑皮层的神经元细胞会形成广泛的连接，这些连接会形成逻辑、形成因果、形成事情之间的关系，从简单关系到复杂关系。潜能型儿童都是大脑核心操作系统质量优良的产物。

面对留空的题目，妈妈的正确做法是为孩子创造一个优良的环境，让普通儿童在这种环境中耳濡目染，形成优质的大脑皮层基础，并渐渐形成优秀的理解力，最终成为大人眼里的潜能型儿童：学什么会什么，积极主动，阳光向上，乐观健康。这一切都源自家庭环境，家庭环境又源自父母理性的设计、科学的布局、持续一致的正确做法。

我的妈妈无比平凡，她能够做到，你也可以。只要时时坚定你的信心，并有具体可行的方法去落实，相信不久的将来，就会有优秀的潜能型儿童出自你家。

孩子做题出错，暴露的信息较多，妈妈能够顺着线索找到孩子出错的原因。而孩子在题目上留空要怎么办呢？没关系,仍然能够找到信息，揭示孩子头脑中可能的障碍，方法就是从原题中寻找。去找原题中的术语，要不就让孩子自己讲一遍。讲的过程中，孩子的思维就被自己的语言梳理了一遍，不仅能够调整他的思路，也能够让大人听到孩子的障碍所在。这就是如何在面对不会做的题目时，找到学习的机会。

有些学生貌似会做某道题，实际是照猫画虎，掩盖了头脑中没有理解的本质，当遭遇题型变化多一点儿的题目时会寸步难行。而不会做题的学生，如果通过反复思考彻底搞懂了，那么当他遇到复杂一点儿的题目时，也照样会做。作为一个有多年教学经验的数学老师，我更喜欢那些有不会做的题目的学生，更喜欢启发这些学生真正体会开窍的瞬间。

当看到孩子的试卷上有空白的题目时，如下 4 个做法都是家长采用过的，哪个才是正确的?

A. 先给孩子讲讲这道题的意思

B. 先给孩子讲讲这道题要用的公式

C. 先让孩子讲讲自己对这道题的理解

D. 先让孩子讲讲别的小朋友为什么会做

（参考答案见全书末尾）

终篇

20 个原则在家挖掘孩子的数学潜能

◎凡是那些表现优异的孩子，都不仅限于数学能力方面，还包括语文能力、外语能力、体育能力等，而本质上都是大脑操作系统的功能，那就是理解能力。

◎只有创造适宜儿童智力发展的环境，才能让孩子自主、自由、自发地形成优质的大脑智力基础，也就是核心的大脑操作系统。

数学天资高的孩子是养成的，而不是教出来的，也不是天生的。我是带着从事教师职业的理想考入北京师范大学的，我喜欢数学，更喜欢教数学。教过上万的学生了，从幼儿园的孩子到成年人，有中国学生，也有澳大利亚学生，其中遇到过很多数感优秀的学生，从他们的身上都能够观察到我自己的影子，从而让我结合曾经系统学习过的儿童心理学、认知心理学知识，找到了一些线索。

我发现，凡是那些表现优异的孩子，都不仅限于数学能力方面，还包括语文能力、外语能力、体育能力等，而本质上都是大脑操作系统的功能，那就是理解力。理解力的形成全部来自大脑功能的表现，从具象到抽象，从模仿到自创，从探索、尝试到变化、再尝试的意识，以及获得短暂结果后多巴胺制造的快乐痕迹，这些都是大脑功能的表现，但完全不是老师能教出来的，也不是孩子天生的，而是养成的，具体来说，就是环境塑造的。有了适宜的环境，果实自然甜美硕大，而环境就是土壤、阳光、雨露。儿童大脑的发育、发展所需要的土壤、阳光、雨露则需要父母在家中提供，如下 20 个实践原则都能帮助你在家中为孩子营造适宜的成长环境，这些原则都有一个共同的依据，那就是顺应儿童大脑自发、自然、自主的生长规律。

1. 场景提问。向孩子提问时，问题必须与当前场景中能够看到的事物有关，不能是视线之外的事物，也不能是前一天见到过的事物。当孩子听到问题后，如果没有表情，或者有一点儿发愣，那么你就要进入自问自答的模式。这是非常重要的具象思维建设方式，能够培育孩子对具象场景的意识，通过听到大人的提问，结合眼前的场景来理解，再进一步听到大人的自言自语，孩子的大脑便得到了一次重要的知觉照射，如同植物新生的叶子第一次被阳光照射一样。

2. 点滴交谈。与孩子交谈的点滴就像雨露一般，过程中应使用孩子熟悉的词汇，但语句结构要有一定的难度。比如跟孩子说："你看到燕子飞得很低的时候，就要早一点儿回家，很快就会下大雨了。"这就是一个复杂句式，三个句子三件事，之间有关系，但又没有表明，同时句子中的每一个词都是孩子知道的。孩子听到这样的句子，或许会有疑问，或许会沉默，那都是消化的过程。这样的句子是在培育孩子的信息处理能力，将前后关联起来，延长思维的长度。

3. 视线持平。与孩子交谈时，如果交谈回合可能会超过三次，就要蹲下来，与孩子平视，才可以继续交谈。对孩子来说，这种状态下的交谈节省了抬头看你的动作环节，也就能够专注地听你说的话，同时也学会了与人交谈时要看着对方的眼睛。这是真正对孩子的尊重，也是缓解孩子大脑焦虑、恐慌感的最好方式，同时还能够培育孩子语言、听力与视力协同工作的能力。

4. 自由选择。这一条原则是为了帮助孩子形成自我意识。家庭成员之间的游戏活动要给孩子自主选择的机会，由孩子来决定玩什么、玩的过程以及玩的规则，提出后，大人要配合。大人最重要的做法就是一听到孩子说要玩什么游戏，就记录下来，包括玩法叫什么、用什么工具、有什么规定等，都非常重要，这是培育儿童自我兴趣形成的绝佳时机。

5. 维持进程。参与孩子的活动时，如果你看到孩子正在专注于一件事情的话，不要打断，也不要追问，而是观察，找到他最需要你帮助的地方，比如扶着积木，或者帮他找到他正想找的形状，总之要以自然的状态介入其中，不要打断孩子已经呈现出来的做事进程和状态，这是保护儿童宝贵的专注力、注意力和脑力的做法。

6. 交谈已知。与孩子交谈一般有三种情况，第一种是由父母发起的，第二种是由孩子发起的，第三种是父母和孩子不约而同开始讨论一个共同的话题。这条原则的核心就是，任何话题的交谈，最开始的三句话中必须有孩子已知的内容，包括已知的词汇、已知的事情、已知的人物。从这些已知的信息展开，才能与孩子大脑中已经存在的现有认知相吻合，孩子参与随后的交谈内容才能更自如，而且从已知的信息展开，展开的过程才是稳健的、扎实的。

7. 无压力示范。很多父母热衷于教孩子，遗憾的是，9 岁以前的孩子如果没有主动想要学习的心态，任何外来的“教”都不会让他真正动用大脑皮层，而是用脑垂体、海马体以及杏仁核的功能来应付，这三个部位都在小脑附近，原本是用来应付与生存有关的技能学习的大脑区域，是被动接收外来信号刺激的部位，而不是主动的。孩子如果将其发展为惯性本能，那么长大后也会从内心深处排斥学习任务。“无压力示范”就是找机会给孩子展示一些内容，而这个“机会”就是当孩子关注什么事情、喜欢什么游戏的时候，从孩子主动要去做的事情中找到与你想要“教”的内容吻合的部分，然后以在大白板上书写、自言自语的方式，间隔几次不断就一个内容展开。这样的过程就是在给孩子创造无压力的状态，如果孩子愿意学，他自然能够听到；如果孩子不愿意学，他就会当作背景噪声。

8. 从心认同。父母对孩子自己做出的行为、参与的活动要认同，并鼓励孩子去实现自己的想法。要鼓励具体的行为，强调过程，而不要为最终的结果表现出兴奋或失望。比如孩子参与活动时专注的神情、投入的状态，这是应该鼓励的，这种对过程的鼓励和欣赏才是对孩子真正的认同。有时候真正的参与、真正的开心才会让孩子感到自己有价值，并渐渐相信自己能够实现愿望，哪怕有些愿望是幻想或者是天方夜谭，都应该留给孩子去自己发现。建立孩子的自信，不是父母说上百遍“你要自信”就能够实现的，而是要靠对孩子主动参与的行为发自内心地认同，以及孩子在参与活动时开心和快乐的表现。

9. 心想应变。培养孩子形成“心想”的状态。所谓“心想”，就是自言自语地将自己的想法或心愿说出来，比如“明天我要实现的一个愿望就是早晨看到日出”，或者“吃到一个豆沙包”，或者“8 点准时出门”等。这些都是现实生活中的目标，要培养孩子说出自己的想法，然后观察这个想法实现后孩子的表现，或者为孩子庆祝：“太好了，你实现了昨天你说的心愿。”这就是“心想应变”，当心里所想的事情变为现实后，这件事情会渐渐出现变化，于是心愿也会随之渐渐复杂、多样起来，在这个变化的过程中，孩子就体验了“心有所愿—行为落实—如愿以偿”的过程。这是潜能型儿童所具有的一个重要的目标心愿达成方式。

10. 时间布局结构化。学龄前儿童在家的时间相对来说比较多，这对父母的挑战也就比较大，尤其是在给孩子安排活动的时候，学习活动、运动、自由疯玩、去游乐场、积木活动、手指活动、棋盘活动等都需要照顾到。父母应该有结构地安排，既有触及体力的内容，又有激发智力的内容，也有孩子之间互动游戏的内容，以及探索性的内容、涉及自然生态的内容等。不能长时间都是某种单一性质的活动，而必须要有听觉参与、视觉参与、肢体活动参与、语言参与等。有结构地安排活动，就是对儿童大脑多种功能的全面培育。

11. 行为命名。观察孩子那些积极主动、不知疲惫地参与的活动，并对孩子自己引以为傲的行为命名。比如，“你这个动作叫作‘拳脚展开式’”，或者“你拼的这个图形叫作‘快乐蓝天’”，或者“你今天玩积木的样子叫作‘身心投入式’”等。命名是一种重要的思维方式，对一个有形的物体命名，比如桌子，这叫认识，是大脑形成概念的最初样子；而对一个行为的命名就是升级的概念认识，是大脑潜能的关键。数学里涉及的对数量的认识、对加减动作的认识等都是概念能力，父母对儿童快乐行为的命名就能培育出来。

12. 赞许过程。赞许孩子的行为过程，不要赞许行为的最终结果。比如你可以对孩子说：“你画画的时候非常专注啊，眼睛紧紧地盯着，动手画的时候，眼睛不离开纸，真的很投入。”而不是说：“你画得真好看，画得真像。”不对结果发表任何判断性质的意见，把鼓励和肯定的落脚点放到过程中的细节上。这才是真正激励孩子下一次充满信心地投入更多，专注在自己喜欢的事情中，而不是心中忐忑不安，始终想着最终结果父母会不会喜欢。几乎在任何事情上，孩子都会寻求来自父母的认可，因此要小心，讨论过程的细节，不要讨论结果的成败。

13. 结果开放。孩子都喜欢游戏，有喜欢棋类游戏的，也有喜欢牌类游戏的。棋牌类游戏都有一个特点，那就是有明确的结果，大都不是输就是赢，偶尔和棋。但实际上，对儿童大脑更有建设作用的是一些最终没有确定性结果的活动，比如荡秋千、跳绳、跑步等，这种没有明确结果的活动能让孩子将主要的关注点集中在过程中，全身心体验过程中的快乐、开心。在海边的沙滩上玩沙子，或者在家里玩水，都是结果开放的活动。父母要保证孩子定期会有结果开放的活动内容。

14. 捕捉数感火花。父母要注意观察孩子自主行为中数感方面的表现，比如将盒子里的东西一个又一个地拿出来又放回去，将玩具一一有序地排列好，还有抽屉里物品的摆放、吃饭过程中食物的次序等是不是每次都类似。这些带有固化性质的行为动作都意味着孩子大脑中数感的发育。有了这类行为，就可以跟孩子开展相关内容的活动了，用于激发和巩固孩子已经开始发育的大脑的对应功能。每个孩子的行为中或多或少都有与数感有关的行为，如果大人捕捉不到，孩子的敏感期也就过去了。

15. 思考示范。父母要学会设定角色的自言自语模式，比如："我现在是警察，正在执行任务，难题是下午三点必须赶到现场，现在已经两点半了，我还有 30 分钟，这里有一辆摩托车，可是没有车钥匙，这里还有一辆没有锁的自行车，我跑步的速度也很快，不过要是跑过去，就太累了，就算能准时到达，也累得无法执行任务了。怎么办，是骑摩托车还是自行车？我还要想一想。"每天都要有一次角色设定后的自言自语，主要是体现遇到问题后自己大脑里思考的内容，包括次序、范围、权衡时的依据等。这个行为坚持一年，身边成长的儿童不仅思考能力会提升，作文能力都能大幅度提高，这是实实在在的大脑操作系统的建设方式。

16. 游戏布局。棋盘类游戏要提早布局，从简单的到复杂的，这些游戏在《好爸爸这样教数学》中有详细介绍。棋类游戏培育的是儿童的规则意识、面对输赢时的心态，以及下棋过程中，长思维链条的形成过程。在下棋对抗的过程中，小到战术的运用、对方心理的变化以及自己情绪的变化，大到战略布局的构建、方向策略上的坚持等，这些思维模式在未来的人生中都能用得上。

17. 顺应倍增。当父母发现孩子对某件事情有热情的时候，要顺应他的热情，同时引入更多延伸的内容，甚至不用考虑交谈已知的原则，适当提高语速和词汇难度，因为这是能够与孩子兴奋的大脑状态相匹配的。当孩子开始出现懈怠的状态、注意力减弱时，同样也要顺应。不要违背大脑发育的规律，像“刻苦”“勤奋”“坚持”这类所谓的“鸡汤励志模式”，最终都可能会事与愿违。孩子的大脑疲劳了，就要顺应他的状态，将活动内容转移为肢体类的或者结果开放类的，这才能够在孩子积极主动想要学习的时候，使他的大脑获取的信息量倍增，练就高级的加工能力。

18. 情景交谈。如果想让孩子懂道理，最忌讳的就是说教。培育儿童智力发展也是一样，切忌说教。说教的意思就是讲道理，就是指责、批评、约束、命令之类的语言，这些语言只要父母一说，孩子大脑中的发动机立刻就关闭了，然后进入抵抗、难过、糊弄的心理状态。所谓“情景交谈”，情景就是讲故事，讲一个有人物、有情节的故事，并要求孩子扮演其中一个角色来说话或行动。将孩子的情感带入故事中，他便能够得到明确的认识，这是自主学习形成的关键。

19. 数感激发。孩子两岁时就能表现出数感痕迹了，如果借此开启一些零散的活动，有意识地引入一些数感方面的游戏，就能够随着大脑中数感功能的发育而植入其中。算牌就是很好的数感活动方式，与算牌有关的游戏尽在《好爸爸这样教数学》中，其中还涉及色子活动的清点、积木的摆放与投掷游戏等，这些活动都能够为孩子的数感发育做好铺垫。数感最初确实是从数数开始的，当孩子嘴里能够说出“一二三四五”的时候，要让孩子能够看到眼前的物品从一个到两个、两个到三个、三个到四个、四个到五个的实际变化，这才能够让孩子形成对数的正确认识，即数是变化的，而不是一个固定的名字。

20. 因材施教。“因材施教”有三个含义，第一个含义是指就手边现有的材料展开活动，哪怕是根筷子，都可以用在游戏中假装一条道路，桌子也可以用来帮助孩子形成对图形的认识；第二个含义就是针对孩子表现出的现实情况来设计活动内容，借助维持进程法参与到孩子的活动中，用好孩子手里现有的材料，结合孩子表现出来的水平，延续、扩展活动；第三个含义就是认清自己这个“材料”，不奢求自己没有的。如果自己没有某项才能，就不要指望孩子也有，自己有什么，就展示什么，不羡慕没有的，而是珍惜已经拥有的。开心是人人都有的，以开心的状态与孩子互动是所有潜能型儿童成长的必要前提条件。

以上 20 个实践原则，都可以在家庭活动中逐一落实，甚至“润物细无声”地进入家庭生活的点滴日常，不知不觉地影响着每一个人。孩子正处在大脑发育阶段，对听到的、看到的、摸到的事物都会本能地加工，吸收到的内容对大脑发育的影响格外敏感。培育儿童，不是把幼儿园和学校老师的行为挪到家庭里照搬就能有效的，重要的不是教育，不是引导，不是辅导，而是培育。只有创造适宜儿童智力发展的环境，才能让孩子自主、自由、自发地形成优质的大脑智力基础，也就是核心的大脑操作系统。

这应该是我从小时候跟妈妈互动的活动中得到的最重要的启发，也是结合儿童心理学、认知心理学的科学原理理解到的重要规律。遵循儿童大脑的发育规律，敬畏儿童智力自主发展的节奏和速度，在自然发展的每一个阶段，都为孩子准备下丰富的养料、充分的阳光、足够的雨露，儿童大脑的操作系统质量过关，便能够高水平地掌握任何需要用到的应用程序，无论是数学、语文、外语，还是艺术、体育，都不是问题。

潜能型儿童培养的关键，就是家庭环境的布局是否符合儿童大脑的发展规律。这本书可以帮助妈妈们为儿童大脑的智力发育铺垫地基，然后才会产生数感和潜能。

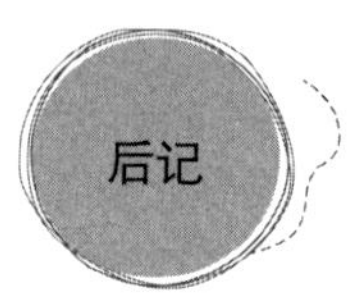

后记

外婆从四川成都来北京住在我们家时，我上初一。

“你妈妈在你这么大的时候，就能够背诵唐诗宋词了。”我的日记中记载了外婆说过的许多话，唯独没有找到这一句，然而恰恰是这一句，在我的记忆中清晰无比，外婆说话时的眼神、语气，以及当时昏暗的房间，这些场景都历历在目。

也恰恰就是因为这句话，让我下决心开始背诵唐诗宋词，从杜甫的《兵车行》到李白的《将进酒》，然后是白居易的《琵琶行》，之后是《古文观止》中范仲淹的《岳阳楼记》、王勃的《滕王阁序》等。仅仅一年时间，这些名篇我虽不能说是倒背如流，也可以做到从任意段落开始，流利诵出。

“你妈妈小的时候，在学校英文朗读比赛中得过奖，还有几何比赛也拿过奖，80个银圆呢，都是袁大头的。”这一句我也记得，而且还看到了银圆，拿在手里吹一下，放到耳旁，确实可以听到金属震颤的声音，悦耳动听。

我妈妈在家排行第二，她有一个姐姐、两个妹妹和两个弟弟，其中一个弟弟在十几岁的时候不幸夭折了。她的一个姐姐、两个妹妹和一个弟弟如今都是大学教授，在各自的领域也都小有建树，而我妈妈的命运却是坎坷的。我妈妈上初三的时候，就在成都参了军，当了一名文艺兵。那时的她在部队能歌善舞，还是篮球场上的运动健将。但身体说垮就垮了，一场急性肾炎让她倒在了篮球场上。那时部队没有有效的医疗手段，急性变成了慢性，我妈妈走向巅峰的人生自此跌入低谷，她两次收到病危通知，与死神擦肩而过。

如今，妈妈回忆起这些，最感谢的是我外婆对她的精心护理和照顾。“如果不是你外婆，也许就没有你。”我心中还在琢磨这句话的实际意思时，妈妈接着说：“有了你，本来不打算要的，你外婆说生个孩子，还有机会重新恢复身体，这机会只有女性有，这才决定要你，而且她说，坐月子她来照顾我。”

外婆还对我说过：“其他那几个孩子小的时候有的喜欢玩耍，有的喜欢画画，不过你妈妈画的都是线条、方块，不像其他孩子画玩具啊，树木啊。她数数也是最快的，而且只有她能够教弟弟数数。”

我的桌子上有不少写作业的草稿纸，外婆看到一些格子，也看到许多算法，她说我妈妈小的时候也是这么算的。那时，没有那种算法（她指的是乘法的竖式算法）。后来我才知道，现在小学流行的竖式算法源自古希腊，而妈妈教我的格子乘法的方式源自古印度。

我后来学习数学，阅读了中外许多关于数学史的图书，发现尤其是在中国的古代数学中，没有形式上的乘除算法。乘除算法最早出现是在《九章算术》中，运用的是口诀计算方式，没有图形化过程。这也许是东西方文化表现形式的一个显著差异。

当我知道外公的职业是大学英语教授时，许多不解之谜也就迎刃而解了。应该是外公在参与编纂《韦伯英汉大词典》的时候接触到了西方的基础数学知识，外婆在协助他整理资料的时候也就熟悉了其中的一些内容，恰逢孩子成长的过程，便教给了我妈妈，妈妈又传授给了我，其中当然包括格子乘法、手指乘九，还有棋盘格子中放米粒的故事。这些我在上大学学习数学的过程中检索过，都有资料能够查到。

回顾我自己的成长历程，数学对我影响最大的不是竞赛获奖，而是那种思考问题的方法。追本溯源，若没有妈妈顺应我好动贪玩的特点而不知不觉掺入了有趣的数学内容，我怎么能够在心中培养起兴趣？若没有兴趣，我怎么能够苦中作乐，无数个夜晚解不出题目，茶饭不思，直到那个解法在脑海中瞬间贯通？

如果我的成长中存在许多偶然性，那么这个偶然性中是不是有必然的规律性的东西存在呢？这个想法本身也是缜密的数学思维。一旦获得这种必然性的规律，那么就能够扩大，能够复制，能够对更多的人有帮助。在我的日记中，把涉及妈妈的那些小事汇总起来，我才发现妈妈的作用对孩子兴趣建立的影响竟然这么大，才明白那些闪耀的点滴不是来自学校，而是来自家庭，来自孩子心目中最重要的人——母亲。母亲的伟大不是停留在乳汁的营养上，而是少年时期心智的充盈。贪玩的那种野性中可以建立执着的兴趣，肆意妄为的那点儿多动中可以培养精彩的思想。从我外婆到我妈妈，从我妈妈到我这里，其中的规律是存在的，只要你实践，只要你运用到与孩子的互动中，顺势地引导孩子的天性，如此开发出来的才是浑然天成的、独到杰出的、完全不重样的智慧。

穿梭在旧日的字里行间，妈妈的那些故事呈现了出来。这本《妈妈教的数学》已经点点滴滴汇集成书，同时，爸爸的影子也渐渐清晰起来。我将关于爸爸的那些日记汇总出来，竟然也有十个回合，容我稍后呈现给你《爸爸教的数学》。

生活处处皆数学

蔡晓东
北京师范大学附属实验中学前校长

这是一本源自生活的书，是用人们熟悉的生活场景来介绍数学的书。作者将多数人印象中抽象、深奥、带有神秘色彩的数学生活化了，让数学变得如同平易近人的朋友一样，容易理解、容易接受，这是其他此类图书难以超越的。

这本书对父母来说意义深远，能让父母意识到日常生活的重要性，懂得关注生活，从生活中找到数学的影子，并将这些影子清晰地呈现给孩子。对孩子来说，这本书能够帮助他们养成一种意识习惯，那就是数学并不是一门高深的学科，它就存在于我们的生活中，是一种在我们身边的、自然且随手可得的知识，是一门能够改善生活的科学。相信在这本书的帮助下，家长能够带领孩子以一种轻松的心态迈入数学殿堂的大门。

数学是一门影响人一生的学科，这并不是指一定要掌握许多数学概念、做题技巧，也不仅仅是那些能够自如驾驭数学知识的天才的专利。数学对人的影响在于思维层面，它能让人在认识、判断、处理事情时更有条理、更加理性。养成这样的思维习惯，才是真正让人一生受用的。作为北京师范大学附属实验中学的校长，我曾经是一名数学老师，能深切地认识到数学思维在我今天的管理工作中起到了多么重要的作用。数学通过影响人思考问题的次序、方法，进而影响处理问题的结果。从这个意义上来说，这本书的价值就更大了，能让父母更加有条理地帮助孩子建立理性的思维方法，进而以一种客观、理性的生活态度面对自己的人生。

北京师范大学附属实验中学是一所优秀的学校，能够被录取的学生大都是同龄人中的佼佼者，而这其中那些出色的孩子，通常都在小学阶段打下了扎实的数学基础。他们在入学后表现突出，尤其在接受新事物、学习新知识的时候，非常善于分析、归纳，这些恰恰都是数学中典型的思维方法，都是可以在小学阶段的数学学习中培养出来的思维习惯。

在中学教育中，数学是一门工具类的学科，随着知识的深入、抽象，孩子往往会觉得数学越来越深奥。其实，数学是源自生活的，是一门有丰富生活背景的学科，应用极其广泛。它不仅仅是自然科学，在社会科学中也有大量的应用。这本书从家长这个层面入手，通过日常生活切入数学这门学科，行文浅显易懂又不失严谨，通俗活泼又不失专业，真正传达了“生活处处皆数学”的思想。帮助读者增强数学意识、学会观察生活、习惯用有逻辑的思维方法思考问题，是这本书对普通大众最有帮助的地方。

这本书的作者孙路弘曾经是我们学校的数学教师，是我曾经的同事，他将自己的生活经历生动地展现给读者，这是他对自我追求的里程碑式总结，也是对中国数学教育的一种思考。字里行间，可以感受到孙老师对数学教育的期望，那就是让更多的父母与孩子尽早体会到有趣、正确、自然的数学思想。我期望他能够如愿，也希望更多的读者从这本书中受益！

为未来浇灌数学之树

保继光
北京师范大学数学科学学院教授、博士生导师

孙路弘和我是大学同学，毕业后又同在北京师范大学工作。我在数学系教大学生，他在实验中学教中学生。几十年过去了，我对他最深刻的印象是“思维敏捷”“语出惊人”“想法独到”。后来，他在海外发展，成为成功人士。最近，看到他的新作《妈妈教的数学》，才深深地体会到其中的原因。

美国发布的《2025 年的数学科学》（*The Mathematical Sciences in 2025*）报告指出:“实践证明，数学学科正日益成为许多研究领域不可或缺的重要组成部分，几乎渗透到日常生活的各个方面。”目前，中国的数学专业已走出了 20 世纪 90 年代的低谷，成为越来越多家长与考生向往的专业。“虽然不一定终身以数学为职业，但本科阶段学数学一定是对的”几乎已成为社会共识。

我认为，很多人对数学的喜好是从众的，而数学对人们来说是神秘的。《妈妈教的数学》一书从百姓现实生活中的点点滴滴出发，如计算水电费、称重量、数手指等，上升到“点到为止”的儿童心理学的高度，使得数学走进大众，走进教育。事实上，数学本来就来自生活、高于生活，从形象思维发展为逻辑思维和抽象思维的。

米尔顿·弗里德曼（Milton Friedman）在发表菲尔兹奖章获奖感言时说：“浇灌数学之树使之常青，成了我义不容辞的责任……最根本的是要努力改变社会导向，使孩子们从上小学起就能喜欢数学而不是视数学为畏途。”

孙路弘的这本书让人耳目一新，既使父母唤起儿时的回忆，又让孩子接受数学的“随风潜入夜，润物细无声”，也给人们指明了一条克服“见着数学就发怵”的道路。

妈妈——早期智慧的培育者

王亦洲
美国加州大学洛杉矶分校计算机博士
北京大学信息科学技术学院教授、博士生导师

看到这本书时，我眼前一亮，首先是被书名吸引。“妈妈教的数学”让我想起以前看过的一篇文章，讲妈妈的智商、性格、素质对孩子的巨大影响。历史上也有很多伟人，在回忆往昔时，都提到了妈妈对自己儿时、少年时期的教育有着极其深远的影响。由此所思，本书是一本源自生活的图书。这本书通过作者的亲身经历，谈到了一位普通母亲在日常生活中，如何以闪亮的智慧，从大量的生活细节出发，启发儿子的数学智慧。

其次，我被目录中的内容所吸引。全书谈及的都是日常生活中能接触到的平凡事物，比如表格、游戏、词汇等。深究细读后，我体会到貌似寻常的生活中，竟蕴藏着如此美妙的数学原理。忙于生活的人们常常忽略了这些数学智慧无声的存在，而这些事物的产生或发明往往蕴含着人类朴实思想的精华。

这些内容大都是我们那个年代，即20世纪70年代小学数学教育中所没有涉及的。绝大多数科学与技术都是为了服务于人类日常生活而产生的。我认为“生活中的数学”对数学的初等教育非常重要，它可以让孩子了解数学的用处、培养孩子学习数学的兴趣、启发孩子对实际问题的抽象思维能力和形式化能力，这对孩子今后形成科学思维习惯具有重要的奠基作用。我认为，对孩子在思维方法上的启蒙教育至关重要，甚至会决定一个民族的素质。

小学时期的数学内容是基础，那个时代的小学数学教学大纲内容，从认识数字，到加减乘除四则运算，再到应用题，都有涉及，这些内容对将来的数学学习都很重要。而对孩子来说，培养对数学的热爱和兴趣更加重要，这比死记九九乘法表、大量四则运算的反复操练要更有意义。从感性上了解数学的用处，培养对数学的兴趣而不是惧怕数学，培养正确严谨的思维方法和对问题的抽象思维能力，这些才应该是初等数学教育的核心战略。

我从15岁起就认识作者孙路弘老师了，当时他是我的初中数学老师，那时对他的印象是严格、严谨、严肃。如今，在与孙老师的聚会交谈中，却感受到老师智慧、思考的一面。交谈中聊到机器学习、大数据这些非常前沿的研究领域和当下从小学直至大学教育中存在的问题时，他都有自己非常独到的见解，这反映出一位资深教育工作者思维的深刻与敏锐。孙老师能够用平实的语言，以自己从小的成长经历和母亲潜移默化的启发为线索，向读者介绍我们日常生活中蕴含的数学原理与思想，这是教育智慧的体现。

每个人都会经历小学阶段，都会在妈妈的呵护、教育下慢慢长大。这本书写出了一位聪明的母亲对孩子数学思想的启蒙。如果我们每个人都能够回忆一下小时候从母亲那里所感悟到的、影响自己一生的东西，把它写下来，将会是一笔不小的财富。这种回忆也许会促使我们回过头来审视、思考自己成长的轨迹，也许会启发现在的妈妈们更加智慧地教育下一代，也许还会启迪我们找到一个民族厚积薄发的源泉……

“老顽童”孙老师[①]

李欣濛

上海市愚园路第一小学五（7）班

他，自称脑力工程师，学生们叫他“老顽童”。他那57岁“高龄”的扁扁头颅上，覆盖着卷曲而浓密的白发。他的眼睛是一对儿“钝角三角形”，总是眯缝着，从一双无框的镜片中透出专注而狡黠的光。他的嘴唇是紫红色的，好像刚从游泳池里跳出来，上下嘴唇厚达4厘米，嘴角总是上扬。俗话说“嘴唇厚的人不擅长说话”，但这位老师的拿手活儿正是讲课。

顽童老师虽然快60岁了，但有时候心智和小朋友差不多。他发明了游戏牌，又带着我们玩“十四巧板”，一时兴起就会给所有课程文档加上密码，让我们绞尽脑汁地破解。“数手指”是顽童老师的第一幼稚法宝：只见孙老师嘴

① 本文摘自《小读者·爱读写》2021年1月刊，已经作者授权。——编者注

里数着数儿，从左手的小指点数到大拇指折返，数到 10 的时候在无名指上停住，认真地盯着自己的手指，接着又慢吞吞地循环一遍，数到 20 的时候又盯住食指，说："你们猜，数到 30 的时候会落在哪根手指上？"想想一个奥数老师带着学生们一个个伸出自己的手指，像幼儿园的小屁孩儿一样傻里傻气点数的情景吧！顽童老师意味深长地看着我们说："那么，你们看看，要是数到 2016 会落在哪根手指上呢？ 2020 又落在哪里呢？"有人真的为此数到了 2020，有人开始琢磨规律。幼稚的手指游戏玩了 3 年，老顽童乐此不疲。

顽童老师还有点儿狡猾。有一次刚学除法，他把 3000 除以 40 不动声色地算成了 82.5，竟还振振有词，貌似正确。QQ 学习群里沉默 10 秒钟后炸了锅，有人告诉顽童老师自己按了 10 遍计算器，都和他算的答案不一样；有人直接留言说"孙老师算错了，正确答案应该是 75"。"讲得多好啊，很清楚，然后呢？"顽童老师显然对我们的围攻早有准备，不紧不慢地让同学们把正确的竖式写了出来。然后又问："老师要买 3000 元的手机，每节课 40 元，要上多少节课呢？"听了这句话，我们争先恐后地回答起来，老师脸上露出了胸有成竹的微笑，继续乘胜追击地问道："每星期上 4 节课，那是要上多少个星期呢？"等我们算出了答案，他又问："哦，这么多星期啊，那是多少个小时呢？""如果每星期上 5 节课，那又要上多少个星期呢？"……后来我们才发现，在这次脑力战斗中，我们遭遇了由"老奸巨猾"的老顽童精心组织的问题大军，进入了问题连环套，"损失"惨重，10 分钟的除法课，课后作业却足足要思考一个小时，最后才发现自己"中计"了。可到了第二天，顽童老师竟还让我们帮他操心到底买哪款手机最便宜，好像什么事都没发生过一样！

顽童老师还会用激将法。有一次刚出完题他就说："这道题，据我 30 年的教课经验，男生表现优异，女生稍显落后。"什么？简直是奇耻大辱！我和妹妹一边在心里抱怨“坏”老师性别歧视，一边为了女生的荣誉开启了自己的疯狂大脑齿轮来解题，不知不觉克服了困难，解出了答案。结果顽童老师竟然只是轻描淡写地来了一句 :“有的女生表现还可以嘛。”哼！我和妹妹立下誓言，在他的课上绝不松懈，一定让他刮目相看。

这就是我的网络课程老师孙路弘，虽然我们从未在现实世界中遇见，却能经常在网上见面。他是玩心大发的老顽童，还是善于在讲课过程中启发学生思考的脑力工程师，让我的数学学习充满了斗智斗勇的欢声笑语。多谢啦！孙老师！

测试题答案

第一题：A

说明：触觉模式是所有孩子天生擅长的学习模式，一直持续到6岁左右。

第二题：CADB

说明：很多人都是凭着模糊的感觉，严重缺乏严谨的态度、较真的精神，对待自己孩子的未来，不值得较真吗？

第三题：BACD

说明：这就是失去信心了，长大后，自卑表现的源泉都是这个，很多人说我小时候就是数学不好，其实都是多次出错被打击造成的印象。

第四题：BCAD

说明：B选项是最大的原因，资源不够，很多事情也就做不到符合规律了，以效率为核心的事情，都会丧失效果，尤其是长期效果。

第五题：B

说明：视觉学习从6岁开始发展，随着抽象词汇数量的增加，能够渐渐掌握抽象词汇，并表现出与同龄人不同的理解能力。4岁后继续使用绘本，会严重降低抽象理解能力的发展速度。

第六题：BDAC

说明：读者陷入了解题的好奇中，而没有理解本意并不是解题，而是创造更多的形式来玩。

第七题：BCAD

说明：对，妈妈把数字与作者自己的生活结合，触发了兴趣。

第九题：CADB

说明：父母比较随意地指责孩子，将错题原因归结为态度问题，这是对孩子伤害最大的做法，却是最常见的做法。

第八题：A

说明：能够具体落实，才是一本书对读者真正的价值，而这也应该成为读者读书的核心目的。

第十题：C

说明：让孩子自己讲出来，才是正确的做法。

未来，属于终身学习者

我这辈子遇到的聪明人（来自各行各业的聪明人）没有不每天阅读的——没有，一个都没有。巴菲特读书之多，我读书之多，可能会让你感到吃惊。孩子们都笑话我。他们觉得我是一本长了两条腿的书。

——查理·芒格

互联网改变了信息连接的方式；指数型技术在迅速颠覆着现有的商业世界；人工智能已经开始抢占人类的工作岗位……

未来，到底需要什么样的人才？

改变命运唯一的策略是你要变成终身学习者。未来世界将不再需要单一的技能型人才，而是需要具备完善的知识结构、极强逻辑思考力和高感知力的复合型人才。优秀的人往往通过阅读建立足够强大的抽象思维能力，获得异于众人的思考和整合能力。未来，将属于终身学习者！而阅读必定和终身学习形影不离。

很多人读书，追求的是干货，寻求的是立刻行之有效的解决方案。其实这是一种留在舒适区的阅读方法。在这个充满不确定性的年代，答案不会简单地出现在书里，因为生活根本就没有标准确切的答案，你也不能期望过去的经验能解决未来的问题。

而真正的阅读，应该在书中与智者同行思考，借他们的视角看到世界的多元性，提出比答案更重要的好问题，在不确定的时代中领先起跑。

湛庐阅读 App：与最聪明的人共同进化

有人常常把成本支出的焦点放在书价上，把读完一本书当作阅读的终结。其实不然。

时间是读者付出的最大阅读成本

怎么读是读者面临的最大阅读障碍

“读书破万卷”不仅仅在“万”，更重要的是在“破”！

现在，我们构建了全新的“湛庐阅读”App。它将成为你“破万卷”的新居所。在这里：

- 不用考虑读什么，你可以便捷找到纸书、电子书、有声书和各种声音产品；
- 你可以学会怎么读，你将发现集泛读、通读、精读于一体的阅读解决方案；
- 你会与作者、译者、专家、推荐人和阅读教练相遇，他们是优质思想的发源地；
- 你会与优秀的读者和终身学习者为伍，他们对阅读和学习有着持久的热情和源源不绝的内驱力。

下载湛庐阅读 App，
坚持亲自阅读，
有声书、电子书、阅读服务，
一站获得。

CHEERS

本书阅读资料包

给你便捷、高效、全面的阅读体验

本书参考资料

湛庐独家策划

- 参考文献
  为了环保、节约纸张，部分图书的参考文献以电子版方式提供
- 主题书单
  编辑精心推荐的延伸阅读书单，助你开启主题式阅读
- 图片资料
  提供部分图片的高清彩色原版大图，方便保存和分享

相关阅读服务

终身学习者必备

- 电子书
  便捷、高效，方便检索，易于携带，随时更新
- 有声书
  保护视力，随时随地，有温度、有情感地听本书
- 精读班
  2~4周，最懂这本书的人带你读完、读懂、读透这本好书
- 课　程
  课程权威专家给你开书单，带你快速浏览一个领域的知识概貌
- 讲　书
  30分钟，大咖给你讲本书，让你挑书不费劲

湛庐编辑为你独家呈现
助你更好获得书里和书外的思想和智慧，请扫码查收！

（阅读资料包的内容因书而异，最终以湛庐阅读App页面为准）

图书在版编目（CIP）数据

妈妈教的数学 / 孙路弘著 .—北京：北京联合出版公司，2021.7（2025.6重印）
ISBN 978-7-5596-5367-3

Ⅰ.①妈… Ⅱ.①孙… Ⅲ.①数学课－学前教育－教学参考资料Ⅳ.①G613.4

中国版本图书馆CIP数据核字（2021）第106191号

上架指导：数学思维 / 家庭教育

妈妈教的数学

作　　者：孙路弘
出 品 人：赵红仕
责任编辑：徐樟
封面设计：湛庐文化
版式设计：湛庐文化

北京联合出版公司出版
（北京市西城区德外大街 83 号楼 9 层　100088）
天津中印联印务有限公司印刷　新华书店经销
字数 180 千字　710 毫米 ×965 毫米　1/16　16.5 印张　3 插页
2021 年 7 月第 1 版　2025 年 6 月第 5 次印刷
ISBN　978-7-5596-5367-3
定价：79.90 元
